アジ研選書56

変容する
ASEANの商業銀行

アジア経済研究所
IDE-JETRO

ま え が き

　世紀を越えてからの20年ほどの間にアジア経済は大きく変貌した。1997年のアジア金融危機の後遺症とともに始まった21世紀のASEAN経済も、輸出主導型の成長経路を回復して、先行諸国では「中進国」と呼ばれる新興経済の一角を担うに至った。危機の震源となった金融部門も、2000年代には経済全般の回復のなかで徐々に安定を取り戻した。2010年代に入ると健全性規制の強化、大規模化やグローバル展開といった金融業の世界的なトレンドやアジア経済の拡大と域内化に対応して、変容しながら外向きの動きを強めてきた。

　先行ASEAN諸国の金融システムへの関心は、日本国内でも世界的にもアジア金融危機をきっかけに突発的に高まり、1990年代終わりからしばらくは関連の研究が活況を呈した。そのなかで商業銀行セクターに関わるものは、不良債権問題や破綻処理とセクターの再編についての関心を背景に、実務的な観点からの調査研究が多かった。それゆえに、2000年代半ば以降商業銀行が安定を取り戻すと、このセクターへの関心は退潮していったように思える。米国を震源とする2008年の世界金融危機が世界を襲ったときには、すでにASEANの金融システムは安定を取り戻しており、結果的には意外なほどに動揺が少なかった。

　ASEANウォッチャーにとってASEANの商業銀行セクターの次の段階の変容が感じられるようになったのは、この世界金融危機の後からである。ASEAN経済全体の拡張や域内化にともなって、同族経営や政府出資、国内の非製造業への傾斜などに特徴づけられた伝統的な商業銀行が大きく変貌しつつあるのではないか。そうだとすれば、それはこの地域の経済発展や金融発展の経路とどのように関係しているのか。そして、2015年のASEAN経済共同体の発足をきっかけに、それがより顕在化してくるのかどうか。本書のもとになる研究会を始めた動機はこうしたところにあった。

本書は，日本貿易振興機構アジア経済研究所で2017〜2018年度に実施された「東南アジアにおける商業銀行部門の変容と現状」研究会の成果である。この研究会では地域横断的な金融の動きと，3カ国の商業銀行セクターの実態の変化という2種類の観察を，7人のメンバーが分担して進めてきた。また，この研究会に先立つ助走段階では，京都大学東南アジア地域研究研究所・東南アジア研究の国際共同研究拠点（IPCR）の「東南アジアにおける商業銀行セクターの地域横断的大変容の実態把握」研究会で，より広い観点から情報収集を行った。これらの研究会にメンバーや外部講師として参加された，牛山隆一（日本経済研究センター），小西鉄（福岡女子大学），スワンナチョート・チャクリット（カシコン銀行），長岡慎介（京都大学），藤田哲雄（日本総研），矢野剛（京都大学），吉田悦章（国際協力銀行）の各氏をはじめとする多くの方々に感謝申し上げる。本書はまた，研究会における2回の現地調査で対応いただいた方々にも多くを負っている。

　研究からみえてきた結論としては，商業銀行セクターの大きな変化には，ASEANの経済発展や金融発展の経路との大きな断絶や，逆に固有構造への回帰があるというよりは，この地域の商業銀行が歴史固有の構造を残しながらも，世界的な銀行業の変容に対応し，それを緩やかに変容させようと努力して，身の丈に合った国際化を進めつつある，ということである。

　タイやインドネシアでは外国資本の参入規制が緩和され，日系銀行を含む外国銀行の重層的な進出が進んでいる。バーゼル型の自己資本規制への対応として，ほとんどの国で規模の拡大が志向され，上位銀行による寡占化が強まっている。そうしたなかで，有力同族銀行は海外資本との提携を追求し，他方，政府出資銀行は再編のなかで膨張してきた。最近になって，そのような有力銀行の中から域内全体に業務を展開して存在感を示す「ASEAN」銀行が登場しつつある。その一方で，業務面では伝統的な貸出業務に収益を依存する業務構造に変化はみられず，しかも製造業への貸出比率は低下し，国内非製造業や消費部門への傾斜が進むなど，意外なほど変化に乏しい。

　ASEANでも商業銀行を越えた金融業の変化が早い。一部の国ではイスラム金融が広がりをみせている。広義のフィンテックというべき，携帯情報端末を利用した銀行口座を経由しない決済や信用のサービスも存在感を示しつつある。マイクロファイナンスなどの金融包摂の課題への取組みもこうした金融業の変化と影響し合いながらさらに展開しつつある。

　本書は，こうした金融業全体の変容の重大さを理解しながらも，しかしあえて正面にはとりあげずに，商業銀行セクターの業容変化に分析の焦点を絞ることにした。ASEANの金融システムの動きを，今世紀の20年という中期的な観点から，そしてアジア金融危機における商業銀行の大規模な再編からの継続性にこだわって，一旦総括することに重点を置いたからである。これから予感される金融システムの大きな変容を理解するために，この本が実務家，学生，研究者の道しるべになればと思う。

編者

目　次

第1章

序論—— ASEANの商業銀行部門の変容——

三重野 文晴

第1節　はじめに

　20年ほど前の1997年のアジア金融危機がASEANの経済システムにとって大きな画期になったことは論をまたない。これを契機に，金融システムの大規模な再編，企業の所有・ガバナンス制度の改革，通貨制度の変更とマクロ経済政策の国際協調の強化などにより，ASEAN各国は経済の制度面で大きな変貌を遂げてきた。ASEAN経済は，2000年代半ばまでに製造業の集積や価格高騰下の鉱産物の輸出により成長を回復し，2008～2009年の世界金融危機の後は，域内間や中国との貿易関係を強めて，世界的な金融緩和の中で存在感を増している。2015年12月にはASEAN経済共同体の結成が宣言され，貿易，投資，サービスの各分野でのASEAN経済の一層の一体化が図られる段階に入っている。

　この間，経済システムの中核にあり，アジア金融危機でその震源となった金融システムも大きな形態変化を遂げてきた。とりわけ商業銀行部門は大規模な再編を経験した。アジア金融危機のあと，タイ，インドネシアでは銀行部門の破綻処理と再構築の過程で，有力なビジネスグループが所有と経営を支配する構造が大きく揺らぎ，外資の参加が広範囲に及んだ。

　危機からの金融再編と同じ時期には，世界的に商業銀行に対する自己資

本規制の強化が進み，ASEAN各国の金融当局は，この新しいルールにも対応するべく規制制度の整備を継続的に進めてきた。米国の金融混乱に端を発する2008〜2009年の世界金融危機の後，こうした自己資本規制はますます強化される傾向にある。新しいルールへの対応として，各国は銀行部門における外資規制や国内の新規参入を継続的に緩和し，現在では商業銀行部門では比較的活発な参入・退出が進んでいる。マレーシアやインドネシアでは，商業銀行の大規模化を目指した大規模な合併も推進されてきた。

　2010年以降は，この流れのなかでさらに新しい動きが顕著になっている。合併で大規模化して足腰をかためたシンガポール，マレーシア，タイなどの有力銀行のなかには，活動拠点を自国を越えてASEAN全域に広げるものが現れている。2000年代半ば以降には欧米系外国銀行のプレゼンスが下がる一方で，長い金融不況から回復した日本のメガバンクが活動を再び活発化させつつある。また，中国，台湾，インドなどの他のアジア系の外国銀行も存在感を強め始めている。

　本書の試みは，2000年代以降のこのような環境変化のなかで，ASEANの商業銀行部門がみせてきた変容を，実物経済の変化との関係にも留意しながら実態を吟味して，その意味するところを考えることである。たとえば，2008年の世界金融危機で世界規模での経済が変調したとき，ASEANではアジア金融危機以後の経済の構造変革が実を結び始めて，輸出製造業による輸出主導型の成長が，ASEAN域内と中国との貿易の密度を高めながら軌道に乗り始めていた。その結果，各国には経常収支黒字＝貯蓄超過が定着し，外貨準備と対外投資が積み上がりつつあった。このような実物経済やマクロ経済の変容は，商業銀行部門に新しい活動余地を与えたはずである。現在の商業銀行の変容をこのような観点からとらえることも試みたい。

　序章では，このようなASEAN商業銀行部門の新しい動きについて，その背景，近年の変容のポイントを整理するとともに，各章の内容を紹介する。

第2節　ASEAN商業銀行部門の近年の変容
——その背景——

2-1．実物経済の局面と金融システム

　2000年代以降のASEANの経済と金融システムの全体的な環境を鳥瞰しておきたい。90年代末のアジア金融危機からの経済回復は，全般的な経済構造の変化とともに進んだ。金融危機による通貨の減価は輸出競争力を高め，直接投資のさらなる流入による輸出製造業の集積をもたらした。とくにタイにはこの構図がよく当てはまる。一方，インドネシアやマレーシアでは製造業の成長はやや相対的で，そのかわり2000年代の資源価格上昇による石炭などの鉱業と，パームオイルや天然ゴムなどの農業関連産業によって，輸出成長のかなりの部分が牽引された。フィリピンも多少出遅れながらも，2010年代には同様の輸出製造業による成長の局面に入った。

　タイとインドネシアでこのことを確認したい。**表1-1**は，両国のGDPの支出構成（GDE）の推移をまとめたものである。アジア金融危機以前まで，2つの国ではもっぱら投資が成長を牽引し，純輸出（貿易収支）はマイナスだった。しかし，アジア金融危機（1997年）を境にこの関係は逆転した。投資の比重が大幅に低下する一方で，純輸出がプラスに転じたのである。この構造は2000年代以降おおむね定着する。もっとも，インドネシアでは，2010年代に入って投資率も回復傾向にある。

　タイで輸出主導の回復を担ったのは，直接投資による外資の輸出製造業である。この国では，アジア金融危機以前に電気・輸送機械の輸出が始まっていたが，中間投入財の輸入依存度が強く貿易赤字が恒常的だった。ところがアジア金融危機以降，通貨バーツの減価によってむしろ直接投資は拡大し，裾野産業も巻き込んだ産業集積が進んで機械工業品の世界的な生産拠点が形成された。インドネシアの場合，危機の後に外資製造業の撤退が目立ったが，世界的な資源価格高の環境下で，それを補完する形で石炭などの鉱業部門の輸出が回復過程を牽引した。

　このようなASEAN経済の構造変化をともなう成長に，商業銀行部門が

表1-1 　GDPの支出構成の推移

（単位：％）

タイ

	個人消費	政府消費	固定資本形成	純輸出	その他
1990	53.3	10.0	41.6	-7.5	2.5
1995	51.2	11.3	42.9	-6.7	1.3
2000	54.1	13.6	22.3	8.4	1.6
2005	55.8	13.7	30.4	-1.0	1.1
2010	52.1	15.8	25.4	5.5	1.1
2015	51.6	17.2	24.1	11.3	-4.2

インドネシア

	個人消費	政府消費	固定資本形成	純輸出	その他
1990	58.9	8.8	30.7	1.5	0.0
1995	61.6	7.8	31.9	-1.3	0.0
2000	61.7	6.5	22.2	10.5	-0.9
2005	64.4	8.1	25.1	4.1	-1.7
2010	56.2	9.0	32.9	1.9	0.0
2015	57.1	9.8	34.6	0.2	-1.6

（出所）　Statistical Database System, Asian Development Bank,
　　　　（https：//www.adb.org/data/sdbs）.

　どのような関わりをもってきたのか，という問いが金融セクターを考える
際のひとつの課題である。経常収支の黒字化は，貯蓄超過の定着を意味す
る。第2章で吟味されるように，ASEAN各国の経済は2000年代半ばに成
長軌道に復帰したとはいえ，成長率と投資率は1990年代の水準を回復する
ことはなかった。安定的な経常黒字によって貯蓄超過が常態化しているの
であるから，資金は国内に十分に確保され，さらに最近ではインフラ投資
の需要拡大が指摘されているにもかかわらず，投資率は一貫して停滞して
いるのである。長期のトレンドとして，投資率は資本蓄積が進めば低下す
るものではあるが，ASEAN経済の現状は，そのような成長率の収束の問
題として理解されうる要素だけでなく，金融システムや商業銀行部門の回
復が，実物経済の成長構造にうまく噛み合う機能を果たす方向に向かわな
かったことに一因がある可能性がある。

4

2-2.　資本フローの変化

　つぎに，ASEAN諸国の国際資本フローのトレンドを考慮しておきたい。第 2 章で詳述されるように，アジア金融危機からの回復の後，輸出製造業や鉱業の成長によってASEAN諸国では経常黒字が定着し，それがこの地域の資本フローの構造を大きく変化させた。2002〜2003年頃から，通貨安によって輸出競争力をもった各国では製造業や鉱業製品等の輸出拡大により経常収支は概ね黒字に転換し，その基調が定着する。アジア金融危機以降続いてきた資本流出も2003年頃には底を打ち，流入が再開する。その結果，マクロ経済は貯蓄超過で対外資産残高が増加する構造となり，外貨準備も順調に積み上がってくる。そして，そうした対外資産の増加が2000年代後半から対外投資として急速に現れてくる。この動きはタイとマレーシアでとりわけ顕著で，2010年代に入ると対外投資は対内投資と同規模か，それを上回る水準に至っている[1]。

　このように，経常黒字の定着によって積み上がる貯蓄は国内より海外への投資に向かってきた。海外投資の取引の領域の拡大は，2000年代半ば以降回復するASEANの商業銀行部門に，こうした分野の金融サービスを担う余地を広げてきた。シンガポール，マレーシア，あるいはタイの大規模銀行の一部が，ASEAN域内や中国などに広く金融インフラのネットワークを構築して，それを担い始めている。

2-3.　2000年代以降の金融深化と商業銀行部門の位置

　最後に，商業銀行部門の金融システムにおける位置の変化をみてみたい。ASEAN各国の金融セクターは，程度の差はあれ1997年のアジア金融危機によって機能を後退させ，2000年代は長い再建の過程にいた。実物経済の回復を背景に，金融システムが安定を取り戻し始めるのは2004年頃からである。しかし，機能としてみた場合，その回復はとても緩やかなもの

---

1)　もちろん，2010年代に対外・対内とも水準が大きく膨らむ傾向には，世界的な金融緩和のトレンドも影響している。

だった。**図1-1**は，タイとインドネシアを事例に，銀行部門の信用残高，社債残高，株式時価総額のGDP比の推移をみたものである。証券市場に着目すると，両国とも2000年代を通じて株式市場の規模が相対的に拡大していることがわかる。

　銀行信用の比率は2000年代を通じて低迷し，2000年代末に底を打って，その後回復基調にあることがわかる。アジア金融危機のあと商業銀行の信用は収縮し，10年以上をかけて，2010年代の世界的な金融緩和を背景に，ようやく底を打つのである。しかも，両国とも2016年でもなお1997年時点の水準に戻ってはいない。本書の各章で詳述されるように，2000年代から2010年代にかけてASEANの商業銀行は形態上大きな変貌を遂げたが，機能面の全体像をみれば，金融深化は後退ないし横ばいの水準が続いていたことになる。ASEANの実物経済が回復して成長を取り戻す一方で，金融面をみると商業銀行部門はアジア金融危機以前に果たしていた金融仲介機能には戻っていないのである。

第3節　ASEAN商業銀行部門の近年の変容
——要点——

　ここでは本書の各章で示される知見の要点をまとめておきたい。

3-1．ASEANの商業銀行部門

（1）分布と規模
　ASEANの商業銀行部門は，世界的な銀行業の競争のなかで現在，どのような位置にあるのか。**表1-2**は5カ国の銀行部門の基本情報をまとめたものである。章末付表とその注にあるように，国によって銀行業の業態区分は異なるが，ここでは大まかに商業銀行の定義に該当すると判断される銀行（外国銀行支店を含む）についてまとめている。タイ，フィリピン，マレーシアの銀行数が26〜40行台の体制であるのに対して，インドネシア

図1-1　タイ，インドネシアの民間信用，債権残高，株価時価総額の水準（対GDP比）

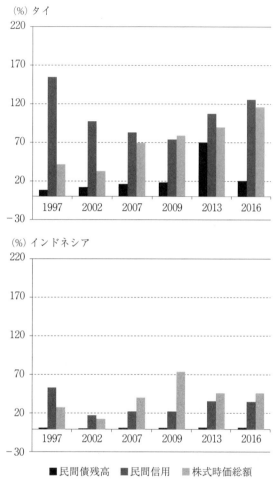

（出所）　1997-2009: World Bank, Financial Development and Structure Dataset; 2013,2016: Asian Bond Online, ADB.

は120行と銀行数が極めて多い。シンガポールは128行を数えるが，そのほとんどは外国銀行で，地場の3銀行が突出した大きさをもっている。どの国でも商業銀行部門全体に占める上位銀行の比重が大きく，上位5行の総

表1-2 ASEAN5カ国の銀行数と総資産

	銀行数	銀行総資産（100万ドル）	銀行総資産／GDP（%）	上位5位行への資産集中度（%）	備考
インドネシア	115	480,164	47.3	49.6	2018年3月現在
マレーシア	26	611,635	194.5	73.4	2018年12月現在
フィリピン	43	221,552	70.6	59.4	2016年現在。ユニバーサル銀行と商業銀行の合計
シンガポール	128	739,656	228.4	43.5*	国内主要銀行3行（他に子会社銀行1）。外国銀行124行
タイ	30	549,362	120.7	69.9	2016年末現在。（外国銀行支店を含む）

（出所） 各国中央銀行資料, Key Indicator, Asian Development Bank.
（注） *上位3行のシェア。

資産の全商業銀行資産に占める比率はマレーシア，フィリピン，タイで概ね60〜70％，銀行数の多いインドネシアとシンガポールでも40％以上となっている。

　表1-3は，Financial Times社の *The Banker* から5カ国の銀行を総資産順位で上位20行まで抜き出し，それを世界の主要な商業銀行と比較してみたものである。国際業務銀行としては三菱UFJグループや英国の香港上海銀行（HSBC）が総資産2.5〜2.9兆ドル，米国のシティグループや三井住友グループが総資産1.8兆ドルで，これらが概ね世界の民間商業銀行のトップ水準とみてよいだろう。これと別に中国の国営商業銀行の規模は巨大で，例えば中国工商銀行の総資産は三菱UFJグループの1.4倍程度にも上る。ただし，中国の国営商業銀行は政策金融の機能ももつと考えられ，われわれの比較の類型からは外して考える。世界的な大手銀行に次ぐ存在として，アジア太平洋地域に業務を展開する国際業務銀行であるANZ銀行の総資産は，三井住友グループやシティグループの3分の1くらいの7000億ドル規模である。

　さて，こうした国際業務銀行と比較すると，ASEANの商業銀行の規模はまだ小さい。表からわかるように，域内の銀行の中ではシンガポールの

表1-3　ASEAN主要銀行の総資産規模と世界の主要銀行との比較

順位	ASEAN域内順位	銀行名	国	総資産（100万ドル）
1		中国工商銀行（ICBC）	中国	4,007,226
2		中国建設銀行（China Construction Bank）	中国	3,398,523
3		中国農業銀行（Agricultural Bank of China）	中国	3,234,006
4		中国銀行（Bank of China）	中国	2,990,388
5		三菱UFJ FG	日本	2,890,455
6		JPMorgan Chase	米国	2,533,600
7		香港上海銀行（HSBC）Holdings	英国	2,521,771
8		BNP Paribas	フランス	2,361,749
9		Bank of America	米国	2,281,477
10		Crédit Agricole	フランス	2,124,300
12		みずほFG	日本	1,930,768
13		三井住友FG（SMBC）	日本	1,874,462
14		Citigroup	米国	1,842,465
15		Deutsche Bank	ドイツ	1,776,786
44		ANZ Banking Group	豪・NZ	701,036
47		Standard Chartered	英国	663,501
68	1	DBS Bank	シンガポール	386,351
79	2	Overseas Chinese Banking Corporation（OCBC）	シンガポール	339,506
92	3	United Overseas Bank（UOB）	シンガポール	267,606
115	4	Malayan Banking Berhad（Maybank）	マレーシア	188,498
150	5	CIMB Bank	マレーシア	124,754
180	6	Public Bank	マレーシア	97,359
189	7	Bangkok Bank	タイ	94,134
192	8	Siam Commercial Bank	タイ	92,535
198	9	Kasikornbank	タイ	88,765
201	10	Krung Thai Bank	タイ	87,338
213	11	Bank Rakyat Indonesia（BRI）	インドネシア	83,130
214	12	Bank Mandiri	インドネシア	83,016
268	13	RHB Bank	マレーシア	56,702
274	14	Bank Central Asia（BCA）	インドネシア	55,382
284	15	BDO Unibank	フィリピン	53,448
293	16	Bank Negara Indonesia（BNI）	インドネシア	52,357
334	17	Hong Leong Bank	マレーシア	45,583
357	18	Metropolitan Bank & Trust Company	フィリピン	41,673
428	19	Thanachart Bank	タイ	30,892
432	20	AmBank	マレーシア	30,422

（出所）　The Banker, The Top 1000 World Bank, July 2018.

３行（DBS Bank, United Overseas Bank（UOB），Overseas Chinese Bank）にマレーシアのMalayan Banking Berhad（Maybank）を加えた４行が突出した存在である。なかでもDBS Bankは，UOBの1.5倍，Maybankの２倍程度の3860億ドルの総資産を有して，域内では他を引き離している。ただし，それでもANZ銀行の２分の１強，したがって三菱UFJグループや英国の香港上海銀行（HSBC）など，世界のトップ行の７分の１以下の規模にすぎない。

ASEAN６位以下の銀行はさらに小さい。10位までは経済発展と金融深化の水準を反映してシンガポール，マレーシア，タイの大手銀行が占めている。第４章で解説されるASEAN銀行の域内の国際展開で目立つのはシンガポール３行とマレーシア２〜３行であるが，それらに国際展開では遅れているタイの４行が揃ってトップ10に並ぶ。インドネシア，フィリピンの銀行規模は相対的に小さく，11位以下にようやく顔を出す。インドネシアの大手２行，BRIとBank Mandiriでさえ，ASEAN最大行DBS Bankの５分の１程度の規模であることがわかる。

（２）ビジネスモデルの変化

これらの商業銀行の業務・収益構造，つまりビジネスモデルはアジア金融危機以降変化したのだろうか。アジア金融危機の後この地域の商業銀行が抱えた課題は，何もよりもまず膨大な不良債権の処理であり，2000年代前半はどの国の金融システムもこの解決に忙殺された。第３章で説明されるように（第３章 図３-14），各国の不良債権比率は2000年代初めにはどの国も著しく高い。それが実物経済の回復のもとで５％程度にまで下がってくるのは2004〜2005年頃である。大きな案件はこの頃までにほぼ処理されてきたと考えられ，なお多い不良債権は，その後の長い時間をかけて処理され，銀行の健全性の向上が進められてきた。

そうしたなかで商業銀行の業務や収益構造の長期的な変化には，２つのポイントがある。第１は，外資の活発な参入にもかかわらず，マレーシアを多少の例外として，商業銀行は依然として貸出業務を中心とし，手数料ビジネスの展開は限られたことである。例えば，第６章でも論じられるよ

うに，タイの国内商業銀行では総収入に占める非利子収入の比率が2000年代初めから20～25％程度で推移し，大きな変化はない。

第2は，商業銀行の貸出が2000年代以降成長を担ってきた製造業部門への貸出比率を低め，不動産，消費，金融等の国内セクターに重点をシフトしてきたことである。**図1-2**は，マレーシアを除く4カ国の商業銀行の産業別貸出比率の推移を一覧したものである。インドネシア，タイ，フィリピンを対象とする各章で個別にも指摘されるが，この3カ国に共通の傾向として，製造業への貸出比率が低下傾向にあることがわかる。2000年代には3カ国ともその比率は一貫して低下している。2010年代になるとインドネシアやフィリピンでは2010年代に少し持ち直す傾向も出るが，タイでは継続して低下している。シンガポールもこの期間，やや低下する傾向で推移している。

それに代わって商業銀行貸出のおもな対象となっている部門は，個人・家計消費セクターである。タイ，フィリピンでは一貫してその比率が上昇する傾向があり，2002年から情報がとれるようになったインドネシアでは継続して30％前後と高い水準にある。個人・家計消費セクターの定義は国によって異なるが，一般に自動車ローン，携帯電話などの消費向けの割賦金融，住宅ローンが含まれていると考えられる。また，金融部門そのものへの貸出比率も高いが，その一部には，上と同じ消費向け金融サービスへの貸出も含むケースもあると考えられる。製造業などの輸出産業によって実物経済が成長してきたにもかかわらず，商業銀行のその部門への関与は相対的に低下してきていて，それに代わって拡大する消費部門に収益機会を求めるようになってきているのである。

なお，インドネシアで実物成長のかなりの部分を牽引した鉱業部門への貸出比率は，微増に留まっている。フィリピンとシンガポールでは不動産や建設部門への貸出比率がかなり高いこともわかる。

図1-2　商業銀行の産業別貸出（タイ，インドネシア，フィリピン，シンガポール）

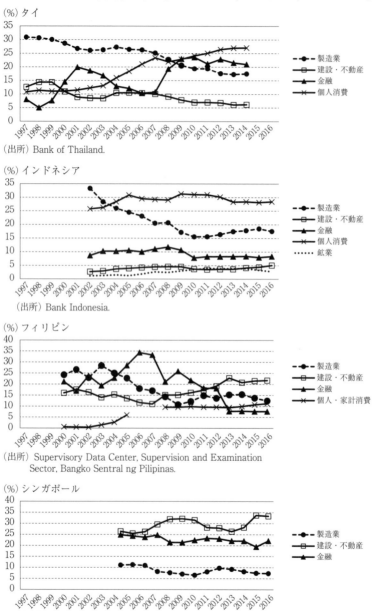

（%）タイ

凡例：
- 製造業
- 建設・不動産
- 金融
- 個人消費

（出所）Bank of Thailand.

（%）インドネシア

凡例：
- 製造業
- 建設・不動産
- 金融
- 個人消費
- 鉱業

（出所）Bank Indonesia.

（%）フィリピン

凡例：
- 製造業
- 建設・不動産
- 金融
- 個人・家計消費

（出所）Supervisory Data Center, Supervision and Examination
Sector, Bangko Sentral ng Pilipinas.

（%）シンガポール

凡例：
- 製造業
- 建設・不動産
- 金融

（出所）Monthly Statistical Bulletin database, Monetary Authority of Singapore.

3‒2．銀行部門の合併と外資参入の新動向

（1）商業銀行部門の合併と大規模化

　経営形態上からみると，2000年代以降のASEANの商業銀行部門に共通した変化は，伝統的な地場の金融資本以外から活発な参入があったことと，主な国で商業銀行の集約による大規模化が進められたことである。参入の担い手としては海外資本が顕著で，それによって商業銀行の所有構造は大きく様変わりした。いうまでもなく外資の大規模な参入の契機は，アジア金融危機による銀行の破綻や経営危機である。しかし，それは一過性のものとはならず，危機の収束した2000年代半ば以降も外資の参入は断続的に進行し，また銀行の再編も継続されてきた。

　その過程で，インドネシア，マレーシアでは政府主導で大規模な合併が進んだ。インドネシアでは，金融危機時の銀行セクターの破綻処理，一時国営化および外資による買収と並んで，銀行部門の集約が進められた。危機以前に240行あった銀行数は，危機の破綻処理から断続的に進む再編によって，2017年の段階では115行程度にまで集約されている。４つの大規模国営銀行の合併によって巨大な国営銀行（Bank Mandiri）が設立されるなど，上位銀行における大規模化が図られてきた。マレーシアでは，アジア金融危機時に厳しい資本移動規制を導入することによって金融機関の連鎖的な破綻を避けることができた。金融危機の混乱が収まった2001年になると，政府は「金融セクター・マスタープラン」を発表して，もともと23行ほどあった商業銀行と４つの商社系投資銀行（merchant bank）を商業銀行８行ほどの体制にまで集約した。この再編の過程では既存の国営商業銀行が主導権を握り，華僑系の主要銀行が吸収されていく動きがあった。再編によって，Malayan Bank（Maybank）やCIMBなどの巨大な国営銀行が設立されている。

　それらに対し，タイの動きは特徴的である。アジア金融危機の震源地として商業銀行部門の混乱は激しく，もともと存在した地場銀行16行のうち上位の４〜５行を除き，中堅以下の銀行は軒並み破綻処理と再編が進められた。残った大手銀行も海外資本を受け入れた結果，所有面の外資比率が

相当に高くなっている。その一方で，銀行部門に合併と新規参入が続くなかで，大手銀行の主導によって銀行が集約される傾向はあまりみられず，銀行数はほとんど減っていない，商業銀行部門の集約による大規模化の指向は抑制的で，伝統的な大手銀行が経営体制を維持したまま，4行がASEAN域内のトップ10位に入る大規模銀行として成長するに至っている。

　なお，フィリピンでは，商業銀行の再編の進行は比較的穏やかである。アジア金融危機時に一部の銀行の国有化があったほかは，目立った再編は進んでいない。

（2）参入規制の緩和と外国銀行資本の参入

　2000年代のアジア金融危機からの金融システムの再建過程で進んだ外国銀行の参入は，ASEANの商業銀行部門の姿を変える契機となった。1990年代までASEAN各国では一般に厳しい外資規制が施され，金融自由化を進めるタイやインドネシアにあっても外資の新規参入は例外的なものに留まってきた。危機後の金融システムの再構築の初期の過程で，欧米系外国銀行による買収が活発に進み，銀行部門における外資のプレゼンスが急速に強まることとなった。その典型例はタイ，インドネシアである。

　外資の参入や参入規制の緩和は危機対応の一過性の動きとして終わらなかった。2000年代半ば以降も，各国の金融当局は長期的な戦略として，外資をはじめとする新規参入について緩和的なスタンスを維持しつづけている。第6章で述べられているように，タイでは外資の参入は時期によってさまざまに変化しながら深化してきた。2000年代半ば以降，とくに2008年の世界金融危機の後に，欧米系の外資の相当部分が撤退し，代わってマレーシアなどASEAN域内や日本の銀行の新規参入が増加する。2010年代半ば以降は，中国，台湾を含むアジアからの参入がさらに増えている。また，第5章で詳述されるように，インドネシアでは1980年代の金融自由化の時期に，外国資本に商業銀行への参加が開放されており，アジア金融危機の後の金融再建の過程では，有力財閥の商業銀行も含む多くの銀行が破綻して一時国有化され，それらの多くが外資によって買収される。その後2000年代を通じて外資の買収が拡大し，大規模行から小規模行まで広汎に

外国資本銀行が活動する構造が形成された。また最近では，銀行業から撤退した地場の有力財閥が小規模銀行の買収によって再参入する動きもみられる。

　2000年代はバーゼル合意下で商業銀行の健全性規制（バーゼル規制）が世界的な規模で進んだ時代でもある。世界金融危機を経た2010年代に危機以降はそれがさらに強化される流れにある。この時期のASEAN各国の金融当局による金融改革・発展の長期プランでは，このバーゼル規制への対応によって商業銀行規制を向上させることに眼目がおかれていた。商業銀行の規模拡大と外資参入の維持拡大は，基本的には自己資本規制の基準を満たすための資本増強を目的としていたものと解釈できる。

　1990年代までは，外資は銀行部門への参入規制の中で，外国銀行支店ないし現地法人として，地場銀行の銀行免許とは明確に峻別される傾向があったが，2000年代以降に参入が進むとその出資の形態は多様になっている。たとえば第6章で詳述されるように，タイのBangkok Bankの2012年時点の筆頭株主は外資系のファンド（出資比率2.7％）であり，35.0％に上る外資出資分は，海外機関投資家を中心に広く分散所有されている。Kasikorn Bankの外資出資比率は実に48.5％で，主要株主は創業者家族の持株会社によって押さえられているものの，過半近くを外資が保有していることになる。これらの多くは海外の機関投資家であり，海外銀行が経営に直接参加しているものではない。一方で，中堅以下の銀行には，外国銀行が直接参加したケースも多い。Thanachart Bankは創業者系の持株会社と海外銀行（カナダのBank of Nova Scotia）がほぼ折半で出資する合弁企業の形式である。シンガポール系のUnited Overseas Bank（UOB）やイギリス系のStandard Chartered Bankは危機前に操業していた小規模行を買収して地場銀行のライセンスで参入している。2013年には，日系の三菱UFJ銀行は上位行のBank of Ayudhayaの株式の76.8％を取得し，それを連結子会社にする形で参入している。

（3）日系銀行の戦略

　外国銀行の中で，近年プレゼンスをとりわけ高めているのが「三菱

UFJ」,「三井住友」,「みずほ」の日系大手商業銀行である。アジア金融危機以前は，これらの銀行やその前身行は進出する日系企業への資金供給をおもな業務としてきた。アジア金融危機が発生し，日本国内で長引いた不良債権処理の目処が立つ2000年代半ばまでの間，これらの銀行のASEANでの展開の拡大は目立たなかった。2010年代に入って，日本国内で長引いた金融不安からの商業銀行部門の再編が収束し，また世界金融危機によって欧米系銀行に比して優位な立場を回復したことを背景に，世界的な戦略の中でのASEAN全体の業務展開を視野に入れた進出戦略が再開されている。第4章で述べられるように，主要な日系銀行は，日系企業への資金提供を中心とする業務を超えて，ASEAN経済に対する全方位型の金融サービスを視野に入れ始めている。銀行の支店本体で日系・地場双方の大手企業に対する債券仲介，シンジケートローンなどのホールセール，地場の準大手企業に対する貸出の拡大を担い，一方で中小企業，家計向けローン，BOP（bottom of the pyramid）層向けの業務には，地場の中堅銀行の買収によって地場銀行のネットワークを活用するという，戦略上の業務の棲み分けがみられる。

3-3．ASEAN経済統合と域内業務拡大

ASEANの商業銀行におけるいまひとつの大きな変容は，ASEANの地場の商業銀行の中に，個別の国の主要銀行という位置づけを超えて，域内に広いネットワークを広げる「ASEAN銀行」が出現しつつあることである。これはASEAN経済の成長による銀行資産や再編によって域内に大規模な銀行が形成されたことを背景としている。

「ASEAN銀行」化への志向が顕著にみられる銀行は，シンガポールの3行（Development Bank of Singapore: DBS, Overseas Chinese Banking Corporation: OCBC, United Overseas Bank: UOB）と，マレーシアのMalayan Bank（Maybank）とCIMBの合計5行である。このうち，DBSはシンガポール，Maybank, CIMBはマレーシアにおいて政府や政府系基金が多くを保有する国有銀行である。これらの銀行は，本国であるシンガポール，

マレーシアの拠点を越えてASEANのほとんどの国に支店を展開し，さらには，現地銀行を買収するなどしてASEAN内の多くの国で国内銀行の免許を取得して業務を展開している。たとえば，第4章で詳しく述べられているように，CIMBは世界10カ国に支店を展開しているが，ASEANのなかでは，タイ，インドネシア，ベトナム，カンボジアに現地法人を設立し（国内銀行としての免許取得），他にブルネイ，ラオス，シンガポールに支店を構えている。シンガポールのDBSやUOBはより広域のアジア全体を対象とした支店展開を進めており，ASEANはその重点地域として支店と現地法人の展開が行われている。タイの大手行は，こうした域内展開にはやや遅れ気味であるが，ラオスやミャンマーなど後発ASEAN諸国への支店の展開に特化した動きが目立っている。

　こうした域内を越境する形での銀行業務を支える制度として，2015年末に発足したASEAN経済共同体（AEC）の枠組みにおける「適格ASEAN銀行」（QABs）の相互認証など，金融セクターの政策協調の取り組みも進められている。

第4節　本書の構成

　本書は，マクロの金融環境や地域横断的な視点からASEANの商業銀行部門の変化を分析する第1部（第1章〜第4章）と，インドネシア，タイ，フィリピンの現状を詳しくとりあげる第2部（第5章〜第7章）から構成される。

　第1部の第2章「国際経済環境の変化とASEANのマクロ経済動向」では，ASEANの商業銀行部門の変化を考える前提として，この地域の経済成長とマクロ経済環境を概観する。アジア金融危機の後，ASEAN諸国では成長経路に復帰したものの，成長率は危機以前の水準には達していない。その点について，貯蓄超過のマクロ経済構造や過剰ともいえる外貨準備が，投資率の阻害要素となっている可能性が指摘される。また，ASEAN各国が資本の受け入れ国から送り出し国に変容していくなか，域

内の金融深化や商業銀行の金融仲介機能には改善の余地が大きいことが指摘される。

　第3章「財務指標によるASEAN商業銀行の特徴の分析」は，先進ASEAN諸国にベトナムを含む6カ国の商業銀行の類型を横断的に分析している。各国の経済格差を反映して，それぞれの国の商業銀行にも大きな格差があり，シンガポール，マレーシアの銀行が規模のうえでは抜きん出ていること，しかしASEAN全体の金融市場の統合が未成熟なことなどを反映して，銀行のパフォーマンスは国によって多様であることが記述統計によって示される。そのうえで，商業銀行のミクロ財務データを用いたクラスター分析によって，規模の大きなASEAN地場銀行，規模は劣るが収益性の高い地場銀行，その他の地場銀行，有力な外資系銀行を，おもな構成要素とする4つのクラスターに分類できることが示される。

　第4章「ASEANにおける商業銀行の域内統合と外資の参入」では，最近のASEAN域内の金融統合と商業銀行のASEAN内での越境的な業務展開が説明される。ASEAN共同体の一環としての適格ASEAN銀行制度の開始や最近のASEAN各国のクロスボーダー銀行信用の拡大，そしてASEAN地域における外国銀行のプレゼンスの増大が指摘される。それを踏まえて日系銀行の最近のASEANにおける展開と，ASEANを代表するシンガポール大手3行の特徴，それらのASEAN域内での業務の展開が詳細に説明される。本章は，金融と商業銀行のASEAN域内展開を扱う総論であるとともに，シンガポールの商業銀行を紹介する各論としての性格も併せもっている。

　総論で示されるように，2000年代から2010年代にかけてのASEANの商業銀行部門には，この地域に共通の実物経済や金融環境の変化を反映した，全体としての動向がある。各国の商業銀行部門の変化には，そうした全体的な動きに対応する共通部分と，それぞれの発展経路に依存した固有の部分がある。第2部の各国編はASEAN諸国のうち，インドネシア，タイ，フィリピンの3カ国をとりあげて，2000年代以降の各国の商業銀行部門の変容を観察する。

　第5章「インドネシア商業銀行の外資導入による変容」では，アジア金

融危機直後の金融再建を契機に，2000～2010年代にかけて商業銀行部門に
生じた変化が説明される。インドネシアの特徴は，アジア金融危機によっ
てそれ以前の有力財閥の銀行が消滅し，国営商業銀行が集約され，買収な
どを通じた外国銀行の参入が一般化したことである。最近ではデジタルエ
コノミーに対応した金融革新の動きが急で，かつて銀行業を手放した有力
財閥が，それをビジネスの機会とみて再び銀行業に参入する動きがあるこ
とも指摘される。

　第6章「タイ商業銀行の所有・収益構造の変容」は，アジア金融危機以
降のタイの商業銀行部門の変容と競争環境の変化が整理される。タイでは
インドネシアと同様に商業銀行部門の多くが破綻し，外国銀行の参入が進
んできた。しかし有力財閥系の大規模銀行は，海外資本を受け入れながら
も経営を維持して再建に成功している。政府は海外銀行，地場資本の双方
からの参入を促進することで，競争的環境を形成しようとしてきたが，中
堅，小規模な銀行層に外国銀行を含む数多くの新規参入があったにもかか
わらず，上位行への資産の集中が進み，収益性でも優位が維持されている
ことが指摘される。

　第7章「フィリピン商業銀行部門の現状」では，アジア金融危機の影響
が限られ，従来からの商業銀行部門を維持したフィリピンで，2000年代以
降は商業銀行を中心とした多角化（コングロマリット化）が進行してきた
ことが説明される。そこではタイやインドネシアでみられた商業銀行の大
きな再編性や外国銀行の大規模な参入が少なく，政府の問題意識として
は，フィリピン独特の送金サービス需要への対応や，金融アクセスの格差
の解消としての金融包摂について関心が強いことなどが指摘される。

付表　ASEAN5カ国の主要商業銀行の総資産順位

順位	銀行名	国	総資産 （100万ドル）
1	DBS Bank	シンガポール	331,560.0
2	United Overseas Bank	シンガポール	213,768.0
3	Overseas Chinese Banking Corporation	シンガポール	194,328.0
4	Malayan Banking Berhad（Maybank）	マレーシア	183,672.0
5	Public Bank	マレーシア	94,867.2
6	Bangkok Bank	タイ	88,002.8
7	Siam Commercial Bank	タイ	82,504.7
8	Krung Thai Bank	タイ	81,058.7
9	Kasikornbank	タイ	76,484.8
10	CIMB Bank	マレーシア	74,028.0
11	BRI	インドネシア	69,207.4
12	Bank Mandiri	インドネシア	61,465.3
13	RHB Bank	マレーシア	56,808.0
14	Bank of Ayudhya	タイ	55,985.0
15	BCA	インドネシア	48,427.6
16	BNI	インドネシア	42,157.1
17	BDO Unibank	フィリピン	39,568.2
18	Hong Leong Bank	マレーシア	39,556.8
19	AmBank	マレーシア	34,272.0
20	Thanachart Bank	タイ	28,112.9
21	Metropolitan Bank & Trust Company	フィリピン	27,945.4
22	Bank of the Philippine Islands	フィリピン	26,118.7
23	TMB Bank	タイ	25,425.3
24	Land Bank of the Philippines	フィリピン	25,116.6
25	United Overseas Bank（Malaysia）	マレーシア	24,444.0
26	OCBC Bank（Malaysia）	マレーシア	19,072.8
27	HSBC Bank Malaysia	マレーシア	17,503.2
28	Mizuho Bank（Thailand）	タイ	16,976.9
29	Affin Bank Berhad	マレーシア	16,819.2
30	BTN	インドネシア	16,818.1
31	Bank CIMB Niaga	インドネシア	16,619.9
32	United Overseas Bank Thai	タイ	14,004.0
33	Alliance Bank Malaysia	マレーシア	12,979.2
34	Panin Bank	インドネシア	12,864.8
35	Philippine National Bank	フィリピン	12,803.1
36	Security Bank Corporation	フィリピン	12,521.9
37	Bank OCBC NISP（Indonesia）	インドネシア	10,500.8
38	Maybank（Indonesia）	インドネシア	10,457.2
39	Sumitomo Mitsui Bank（Thailand）	タイ	10,374.8
40	Bank Danamon Indonesia	インドネシア	9,996.4
41	China Banking Corporation（Philippines）	フィリピン	9,951.6
42	Bank Permata	インドネシア	9,896.2
43	Development Bank of the Philippines	フィリピン	9,644.0
44	CIMB Thai	タイ	9,164.3
45	Union Bank of the Philippines	フィリピン	8,257.4
46	Tisco Bank	タイ	8,083.0
47	Rizal Commercial Banking Corporation	フィリピン	7,547.3
48	Bank BJB（BPD Jawa Barat dan Banten）	インドネシア	7,203.3
49	The Hongkong and Shanghai Bank	タイ	6,980.1
50	Kiatnakin Bank	タイ	6,829.7
51	Bank Bukopin	インドネシア	6,677.5
52	Citibank	タイ	6,635.7
53	Land and Houses Bank	タイ	6,500.5
54	Bank UOB Indonesia	インドネシア	6,044.4

55	Standard Chartered Bank Thai	タイ	5,911.7
56	BTPN	インドネシア	5,657.6
57	Bank Mega	インドネシア	5,469.1
58	Bank Sumitomo Mitsui Indonesia	インドネシア	5,435.3
59	Citibank, N.A.	フィリピン	5,369.5
60	Bank DBS Indonesia	インドネシア	5,304.7
61	United Coconut Planters Bank	フィリピン	5,296.0
62	East West Banking Corporation	フィリピン	5,078.6
63	Industrial and Commercial Bank Of China（Thai）	タイ	4,902.7
64	Bank Jatim（BPD Jawa Timur）	インドネシア	3,595.2
65	Bank Mizuho Indonesia	インドネシア	3,335.2
66	Hong Kong & Shanghai Banking Corporation	フィリピン	3,119.0
67	Asia United Bank Corporation	フィリピン	2,934.4
68	Philippine Trust Company（Philtrust）	フィリピン	2,765.2
69	Deutsche Bank	タイ	2,489.4
70	Bank of Commerce	フィリピン	2,463.2
71	BNP Paribas	タイ	2,034.0
72	Bank of America	タイ	1,938.6
73	JP Morgan Chase Bank	タイ	1,831.1
74	Maybank Philippines, Inc.	フィリピン	1,736.5
75	Philippine Bank of Communications	フィリピン	1,516.3
76	Robinsons Bank Corporation	フィリピン	1,365.9
77	Bank of China（Thai）	タイ	1,362.3
78	The Thai Credit Retail Bank	タイ	1,219.4
79	The Bank of Tokyo-Mitsubishi UFJ Ltd.	フィリピン	1,195.8
80	Oversea-Chinese Bank	タイ	1,192.8
81	Mizuho Bank Ltd. - Manila Branch	フィリピン	1,172.1
82	BDO Private Bank, Inc.	フィリピン	1,119.7
83	Philippine Veterans Bank	フィリピン	913.9
84	Sumitomo Mitsui Trust Thai Bank	タイ	907.1
85	ANZ Bank（Thai）	タイ	875.5
86	Standard Chartered Bank	フィリピン	806.1
87	Deutsche Bank AG	フィリピン	798.1
88	JP Morgan Chase Bank, N.A.	フィリピン	731.3
89	CTBC Bank（Philippines）Corporation	フィリピン	645.9
90	Mega International Commercial Bank	タイ	626.6
91	ANZ Banking Group Ltd.	フィリピン	606.0
92	RHB Bank Berhad	タイ	596.7
93	Sumitomo Mitsui Banking Corporation - Manila Branch	フィリピン	417.5
94	ING Bank N.V.	フィリピン	393.0
95	Indian Overseas Bank	タイ	351.2
96	Bank of China Limited-Manila Branch	フィリピン	322.8
97	Bank of America, N.A.	フィリピン	311.5
98	Mega International Commercial Bank Co., Ltd.	フィリピン	249.6
99	Bangkok Bank Public Co., Ltd.	フィリピン	173.8
100	KEB Hana Bank - Manila Branch	フィリピン	121.0
101	Cathay United Bank Co. Ltd. - Manila Branch	フィリピン	90.0
102	United Overseas Bank Limited, Manila Branch	フィリピン	76.2
103	Industrial Bank of Korea Manila Branch	フィリピン	65.0
104	Shinhan Bank - Manila Branch	フィリピン	52.9
105	First Commercial Bank Ltd., Manila Branch	フィリピン	38.8
106	Al-Amanah Islamic Investment Bank of the Philippines	フィリピン	11.3

（出所）　各種中央銀行資料。

（注）　シンガポールを除き外国銀行の支店および現地法人を含む。シンガポール，マレーシアは
　　　　2017年，タイ，フィリピン，インドネシアは2017年の数値。2017年末の為替レートで換算。

第2章

国際経済環境の変化と
ASEANのマクロ経済動向

国宗 浩三

はじめに

　本章では，まずASEANのマクロ経済動向を概観する。全体としては順調な経済発展を遂げてきたASEAN諸国であるが，アジア金融危機（1997年）や世界金融危機（2008年）を経て，マクロ経済の抱えるさまざまな課題が浮かび上がってきた。本章の後半では，金融深化と資本市場の成長，国際金融取引の3つの観点に焦点を当てて，その推移を分析する。

　本章の構成は以下の通りである。第1節では，ASEAN諸国におけるマクロ経済構造とその課題を指摘する。最初に，これまでのASEAN諸国の経済発展を簡単に振り返り，続いてアジア金融危機後の平均成長率の低下を確認し，その背景にある産業構造の長期的な変化と投資率の低下にともなう貯蓄超過経済への転換を指摘する。さらに，貯蓄超過への転換にともなう外貨準備の蓄積についてみる。

　第2節では，ASEAN諸国における金融深化と資本市場の成長についてみる。この面では，主要国（ASEAN5）の間でも格差が存在することを確認する。また，ここでもアジア金融危機の影響がみられることを確認する。

第3節では，各国の金融収支の分析を通じて対外面での金融取引の特徴を探る。とりわけ，近年のASEAN主要国の金融収支を分析するにあたっては，最終的な収支だけでなく，対外資本流出と対内資本流入の両面に分けてみることが必要となっていることを確認し，その特徴を明らかにする。

第1節　マクロ経済の構造とその課題

1-1.　ASEAN諸国の経済発展（概観）

マクロ経済の課題をみる前に，本項ではASEAN諸国の経済発展の経緯を大まかに振り返る。タイを除くASEAN各国の領域は20世紀前半までに欧米列強の植民地とされ，少数の輸出向け一次産品生産に特化する従属的な経済構造が形成された（モノカルチャー経済）。第二次大戦後，独立を果たしたASEAN諸国の課題は，①経済発展の基礎固めと，②経済構造の高度化であった。

そのために当初考えられたのは，これまで輸入に頼っていた工業製品に貿易制限を課し，国内での生産を促すという保護主義的な方策であった（輸入代替工業化）。輸入代替工業化は，ゼロからの工業化には一定の役割を果たしたものの，持続的で力強い経済発展にはつながらなかった。

対照的に，世界市場への輸出を突破口として経済発展を目指す「輸出志向工業化」が開発途上国の経済発展にとって有効であることが次第に明らかになった。とくに，日本の戦後復興（1950年代〜）に続いて，1960年代後半より目覚ましい経済成長を遂げたアジアNIEs（韓国，台湾，香港，シンガポール）が最初期の成功例である[1]。

ASEAN4（マレーシア，インドネシア，タイ，フィリピン）は，アジアNIEsの輸出を軸とした経済成長に刺激を受け，次第に開放的な経済政策へと転換していくことになる。輸出志向工業化が本格化するのは，国によ

---

1)　朽木・野上・山形（2003，第5章），黒岩・高橋・山形（2015，第10章），渡辺（2010，第6章）。

りばらつきがあるが1970年代〜1980年代にかけてである。

　こうした政策転換に加えて，世界的な経済状況の変化もASEANの経済発展に影響を与えてきた。とくに，1985年のプラザ合意以後のドル安円高は日本企業の海外進出を促進し，その主要なターゲットとしてASEAN 4に焦点があたった。同じ時期にアジアNIEsでも自国通貨高が進み，日本と同様に，ASEANへの直接投資（企業進出）が促された。

　こうして，1990年代半ばにかけてASEAN 4は順調な経済発展を続ける。しかし，好調な経済に引き寄せられるように海外から巨額の資本流入が続いたことが，1997年のアジア金融危機の一因となった（国宗2013）。

　一方，長らく戦乱や内戦が続き経済発展から取り残されてきたインドシナ三国（カンボジア，ラオス，ベトナム）と，独自の社会主義路線による経済停滞や軍事政権下での国際社会からの孤立などにより低開発の状態が続いてきたミャンマーが1990年代に相次いでASEANへ加盟した。これらCLMV（カンボジア，ラオス，ミャンマー，ベトナム）諸国は2000年代以降，順調な経済発展が続き，次の成長センターとして期待を集めている。

　ASEAN 4では1980年代頃より，CLMVでは2000年代以降に経済成長が本格化し，所得が順調に上昇している。ただし，ASEAN 4では1997年から1998年にかけて大きく所得が減少したが，これはアジア金融危機の影響である。2008年から2009年にかけても，世界金融危機の影響を受けて所得の減少がみられるが，アジア金融危機に比べれば軽微であった。一方CLMVでは，世界金融危機の目立った影響は観察できない。これは世界経済との一体化の度合いが，これら諸国ではまだ低いことを反映している。

　シンガポールはいち早く経済発展に成功し，現在では1人当たり所得5万ドルを超え，高所得国のなかでも上位の豊かさを達成している。これに続いてマレーシアが1人当たり所得1万ドル前後で，上位中所得国ではあるが，あと一息で高所得国入りをうかがう位置に付けている。3位はタイで6000ドル前後，インドネシア，フィリピンは，やや遅れて3000ドル台の1人当たり所得を達成している。CLMV諸国は1000から2000ドル台と，まだ低い水準である（2016年現在）。

1‐2. アジア金融危機と平均成長率の低下（ASEAN 5 ）

ASEAN 5 カ国ではアジア金融危機以降，所得水準の上昇は継続しているが，経済の平均成長率は低下している。次の**図 2 ‐ 1** は（シンガポール，マレーシア，タイ，インドネシア，フィリピン）のGDP成長率の推移を示したものである。これをみると，アジア金融危機後の1998年に経済成長率は大きく落ち込んでいる。その後，経済成長率は急回復しており，V字回復を遂げたとされることも多い。

しかし，注目すべきは1998年を挟んで前後で経済の平均成長率が低下していることである。中長期で経済成長率を平均すると，年率で 1 〜 2 ％程度の低下がみられる。この点をまず，長期の経済構造との関係から考えてみよう。経済の発展に伴って，ASEAN諸国の産業構造も変化してきた。国ごとの差異もあるものの，大まかにはいわゆるペティ＝クラークの法則[2] に沿った産業構造の変化が起こったか，起こりつつある。

図 2 ‐ 2 でマレーシア，タイ，フィリピン，インドネシアの産業構造（GDPに占める農業，工業，サービス業の比率）の推移をみると，タイとマレーシアでは1970年代頃を境に，経済全体における工業部門（第 2 次産業）のシェアと農業部門（第 1 次産業）のシェアが逆転したことがわかる。その後，現在までには，サービス部門（第 3 次産業）の比率が上昇し，すでに工業部門の役割と逆転していることも読み取れる[3]。フィリピンはそれ以前より工業部門の比率は高かったが，同時期に工業化率のさらなる上昇がみられる。インドネシアは近年のデータしか得られなかったが，現在は工業部門とサービス部門の比率が同程度であり，今後のサービス経済化が予想される。

---

2) Clark（1940）によれば，経済成長にともない，一国の産業構造の中心は農業，工業，サービス業の順番で移り変わっていく。

3) ただし，読み取りにあたっては，タイの観光業など有力なサービス産業が存在している場合，数値上は全期間にわたってサービス部門の比率が最大であり続けるという例外的状況があることに注意が必要である。また，図には示していないが，シンガポールは都市国家ということもあり，元々農業の比率は低かった。そのため，経済発展の初期の段階でも農業部門の比率は最も小さかった。

図2-1　GDP成長率の推移

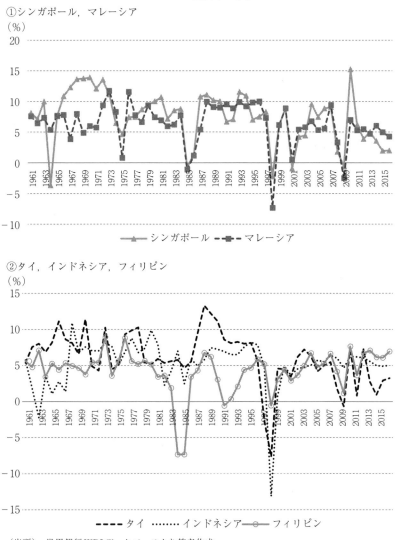

①シンガポール，マレーシア

②タイ，インドネシア，フィリピン

（出所）　世界銀行WDIデータベースより筆者作成。

　このように，ASEAN主要国には先進国の経験と同様の産業構造の変化がみられる。これは，経済発展にともなう順当な変化であり，経済構造が

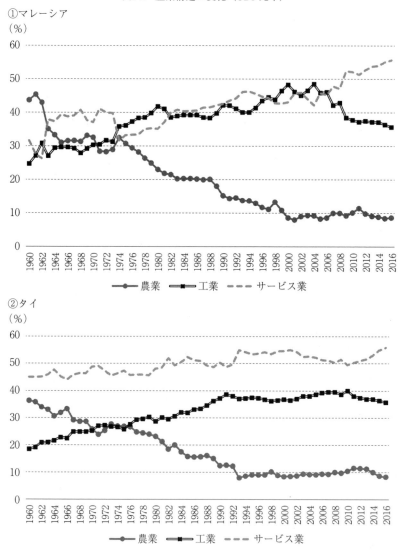

図2-2 産業構造の変化（GDP比率）

①マレーシア
（％）

②タイ
（％）

サービス産業中心となるに従い，工業部門の急拡大を背景とした高度成長から中程度の経済成長率に落ち着いてくることは不思議なことではない。

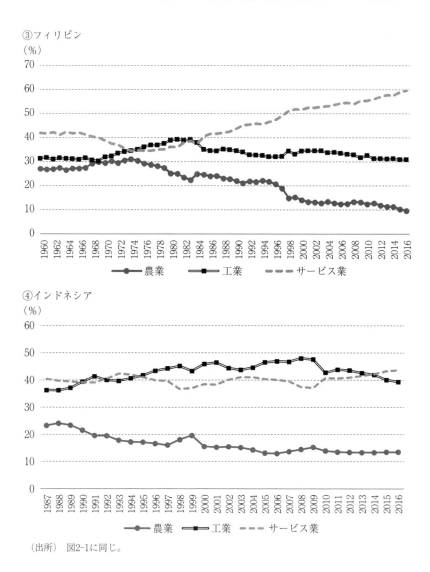

③フィリピン

④インドネシア

（出所）　図2-1に同じ。

生産性の急速な上昇が比較的容易な工業に比して，サービス業の生産性上昇は緩やかだと考えられるし，非貿易財が多くを占めるサービス業のマーケットは相対的に小さいと考えられるからだ。

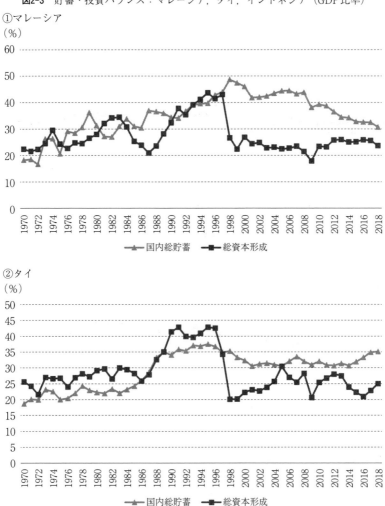

図2-3 貯蓄・投資バランス：マレーシア，タイ，インドネシア（GDP比率）

①マレーシア
（％）

②タイ
（％）

しかし，アジア金融危機という大きな出来事を境に成長率の断絶が発生
している点は不自然である。産業構造の変化だけでなく，人々の行動を不
連続的に変化させた別の要因も考慮する必要があるだろう。次項ではマク
ロ経済全体の貯蓄投資バランスの変化を概観し，平均成長率低下との関連

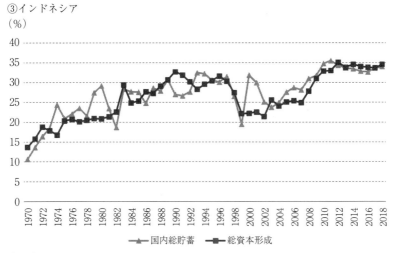

③インドネシア
（％）

（出所）　図2-1に同じ。

を考察する。

1-3. 貯蓄・投資バランス——金融危機を境に　　一部の国では投資超過から貯蓄超過へ——

　以上を踏まえて，マクロ経済バランスについて考えてみたい。**図 2-3**にマレーシア，タイ，インドネシアの貯蓄・投資バランスの推移を示した。この 3 カ国はアジア金融危機の当事国であるが，危機を境とした投資率の顕著な低下がみられる。

　アジア金融危機は，資本流入が突然停止し，資本流出に転じたことによって発生した国際収支危機（いわゆる sudden stop 危機）（Calvo 1998）である。それによって生じたマクロ経済バランスの回復のためには，経常収支の改善が必要とされる。開放マクロ経済における経済変数間の恒等式により，経常収支は貯蓄・投資バランス（IS バランス）に等しいので，貯蓄率の上昇か投資率の低下（あるいは両方）が経常収支改善の裏側で発生する必要がある。

マレーシア，タイの両国では，アジア金融危機後も貯蓄率の水準に大きな変化はなく，マクロ経済バランスの回復はもっぱら投資率の低下によるものとなった。インドネシアでは貯蓄率の変動も大きいのだが，やはりISバランスの改善は投資率の低下による寄与が上回っている。

図2-4には，シンガポール，フィリピンの貯蓄・投資バランスの推移を示した。この2カ国はアジア金融危機による影響は受けたものの，前述の当事国3カ国ほどではなく，図においても1997年を挟んだ変化は顕著ではない。

上記5カ国の中でも，マレーシア，タイはアジア金融危機を挟んで，貯蓄不足（投資超過）の経済より貯蓄超過の経済へと転じたことが見て取れる。インドネシア，フィリピンは1990年代後半から2000年代にかけて投資率の低下がみられるものの，その後反転している。この2カ国は経済発展の段階もまだ初期であり，今後も投資主導の経済発展が期待できる。一方，シンガポールは1980年代より既に貯蓄超過の経済が定着しているが，2000年代に入って一段と貯蓄超過の幅が拡大する傾向がみられる。

1-4．外貨準備の蓄積

経常収支の黒字は，同時に対外純資産（NFA）の増加を意味する。しかし，NFAの増加の大きな部分が外貨準備の蓄積にまわされている。外貨準備の増大自身は必ずしも悪いことではないが，より高い収益率をもたらす対外資産への投資が犠牲となる。したがって，必要以上の外貨準備蓄積にはコストも存在することを忘れてはならない。

図2-5は輸入の1カ月分と比較した外貨準備高の比率の推移，および対外債務と比較した外貨準備高の比率の推移を示している。いずれも2000年代以降，増加傾向を示している。とくに後者の対外債務比で，近年フィリピンとタイは100％を超えている。

これは，良いことだけを示しているのではない。政府部門が低い利回りしか得られない外貨準備資産への投資を行う一方で，民間部門を含む国全体として対外借り入れ（一般に金利などのコストは高い）を行っているわけ

図2-4　貯蓄・投資バランス：シンガポール，フィリピン（GDP比率）

①シンガポール

②フィリピン

（出所）　図2-1に同じ。

である。一国全体で資金が効率的に経済発展に活用されているかどうか精査する必要があるかもしれない（Rodrik 2006）。その後，2010年代には横ばいまたは減少傾向の国も見受けられる。

図2-5　外貨準備の推移

①輸入比（単位：輸入の何カ月か）

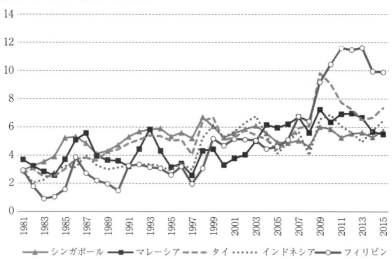

②対外債務比

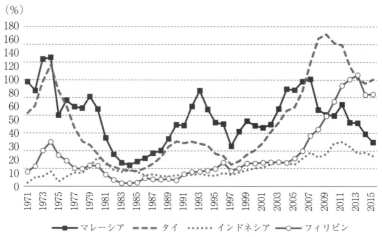

（出所）　図2-1に同じ。

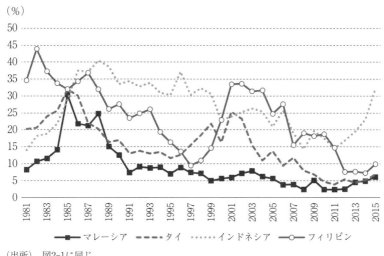

図2-6　デット・サービス・レイシオの推移

（出所）　図2-1に同じ。

　外貨準備蓄積の傾向は，1990年代後半の開発途上国地域で頻発した金融
危機以降，広く世界中の途上国でみられるものである。より安定を求める
慎重な経済運営を示唆する変化ではあるが，いささか行き過ぎている可能
性がある。**図2-6**にみるようにASEAN4のデット・サービス・レイシ
オは改善しており，債務危機の可能性は低下している。ただし，インドネ
シアの同指標は近年悪化しており，この点は注意が必要である。

第2節　金融深化と資本市場の成長

　域内経済格差が大きいことからも容易に想像できるように，金融深化，
資本市場の成長についても域内には大きな格差がある。①1990年代に新規
加盟を果たしたCLMV諸国と，それ以外の先行組の間にある格差，そし
て，②先行組のなかでも格差があり，とくにマレーシア・タイのグループ
とインドネシア・フィリピンのグループとの間に格差がある。次の**図**

図2-7　国内信用供与の推移（GDP比率）

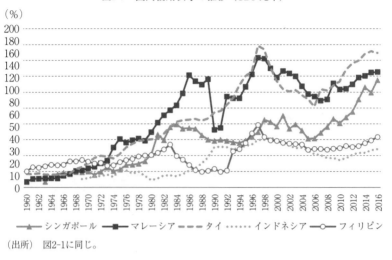

（出所）　図2-1に同じ。

2-7と**図2-8**にASEAN主要国における国内信用供与（domestic credit provided by financial sector: 金融深化の指標），および株式時価総額の推移を示した。国により多少のパターンの差はあるものの，シンガポール，マレーシア，タイの3カ国は，両指標がGDPの100％を上回るに至っている。

　一方，インドネシア，フィリピンの同指数を前の3カ国と比べると，大きな格差があることがわかる。インドネシアは国内信用供与，株式時価総額のいずれもGDPの50％以下にとどまっている。フィリピンは株式時価総額ではタイをやや下回る程度だが，国内信用供与では大きく下回る。両国の指数はアジア金融危機直前の水準がピークであり，その後もこれを超えていない。

　2つの指標の推移に共通するが，1990年代前半の時点がその近辺でのピークとなっている。そして，金融危機後に金融深化と資本市場成長の停滞（あるいは逆行）がみられる。

　以上をまとめると，①シンガポール，マレーシア，タイの上位3カ国は金融深化，資本市場の成長，ともに一定以上の水準を達成している。②イ

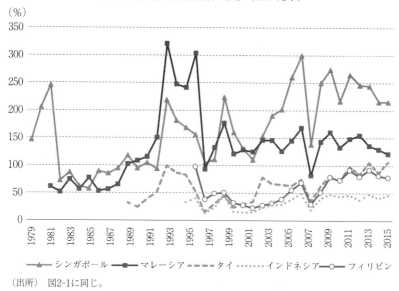

図2-8　株式市場時価総額の推移（GDP比率）

（出所）　図2-1に同じ。

ンドネシア，フィリピンは，まだ成長の余地が大きい。③アジア金融危機
はすべての国で両方の指標に悪影響を与えたことがわかる。

　以上のような金融深化（国内面）における格差と同様に，対外的な金融
取引の現状においても，国ごとの違いがみられる。次の第3節では
ASEAN主要国の金融収支の分析を通じて，この点を確認したい。

第3節　金融収支の分析

3-1．概念整理
（1）アグリゲート（最終集計）の数値は資本流出額から資本流入額を差
　　　し引いて得る

　IMFの統計（International Financial Statistics）では金融収支の細目とし
て，金融資産増加（Net Acquisition of Financial Assets）と負債増加（Net

Incurrence of Liabilities）の数字が掲載されている。金融資産増加は資本流出の規模を示し，負債増加は資本流入の規模を示している。そして，これらを差し引き（資本流出額－資本流入額）した数字が最終集計済の金融収支となる（以下，アグリゲート[4]の金融収支，または単に金融収支と呼称）。通常の国際収支をめぐる議論では，このアグリゲートの金融収支に注目する。この数字がマイナスならば資本受け入れ超過，プラスならば資本送り出し超過である。なお，金融収支の内訳項目（直接投資，証券投資，その他投資など）についても同様に，それぞれが流出側，流入側，アグリゲートの収支の別がある[5]。

（２）なぜ，アグリゲート前の資本流出額・流入額をみる必要があるのか

多くの開発途上国では，これまで資本流出側の数字は（ほとんど）ゼロであった。アグリゲートの収支＝資本流出－資本流入，という関係において資本流出を０とすると，アグリゲートの収支＝－資本流入となる。つまり，多くの開発途上国ではアグリゲートの数字が（符号を反転させた）資本流入額に等しい。したがって，資本流出側と資本流入側を区別して分析する必要はなかったのである。

これに対して，一部のASEAN諸国では資本流出額が無視できない大きさに成長してきている。そのため，アグリゲートの金融収支をみただけでは，現実に起こっている資本の流れを誤って理解することになりかねない。以下，次の3-2.ではアグリゲートの収支の推移をみる。その後，3-3.では資本流出側と流入側を区別した分析を行う。

4）「ネットの」と表現したいところだが，金融資産増加と負債増加のそれぞれが既にネットの数値となっているため，混乱を避けるため本稿では「最終集計済の」あるいは「アグリゲートの」と表現する。

5）ただし，外貨準備については基軸通貨国の米国など一部の例外を除くと負債増加はない。よって，金融資産増加のみで，それがアグリゲートの数字とも一致する。

3 - 2．アグリゲートの金融収支の動き

（1）シンガポール

シンガポールの金融収支は一貫して黒字基調であり，その規模は拡大する傾向が続いている（**図 2 - 9**）。ただし，細目でみると直接投資の動きは全体の動きと異なっている。直接投資のみが赤字基調で，2010年代に入って赤字規模の拡大傾向がみられる。世界有数の高所得国となったシンガポールのイメージからは意外であるが，シンガポールへの外国企業進出の規模はシンガポール企業の海外進出の規模を上回っているのである。

（2）ASEAN 4

シンガポールを除く ASEAN の創設メンバー（ASEAN 4）の金融収支の推移には共通点が多い。これらの国は1997年のアジア金融危機の影響を色濃く受けている。金融危機を境に金融収支が赤字から黒字基調へと大き

図2-9　シンガポールの金融収支内訳

（単位：米ドル）

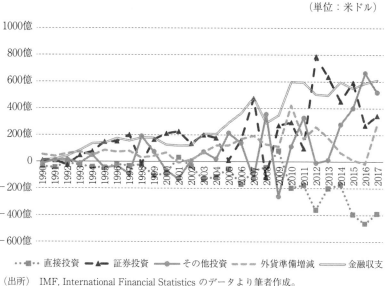

（出所）　IMF, International Financial Statistics のデータより筆者作成。

く転換したことが最大の特徴である（**図 2 -10**）。もっとも，世界金融危機
（2008年）以降は，国ごとのばらつきがみられる。例えば，インドネシア
の金融収支は赤字基調に転じたのに対し，タイの金融収支は一時的に赤字
化したが，後に黒字基調を回復している。

図2-10　ASEAN4の金融収支内訳

（単位：米ドル）

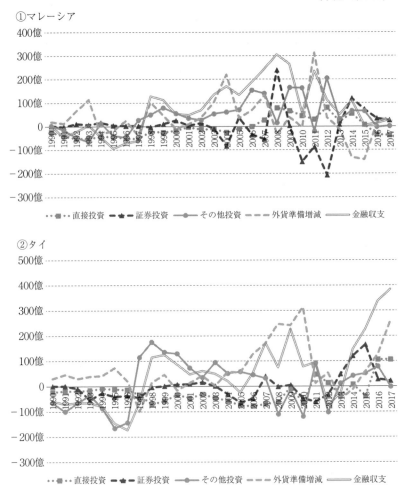

③インドネシア

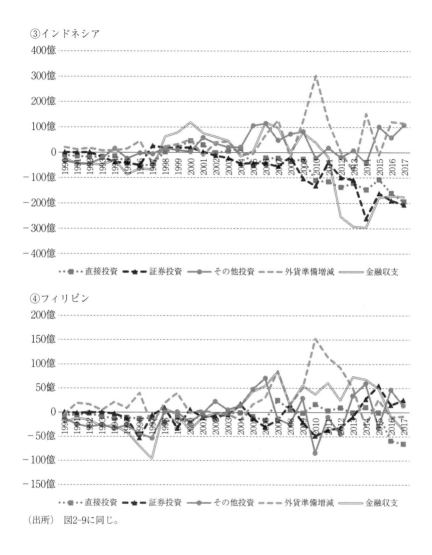

（出所）　図2-9に同じ。

3-3. 資本流出（負債増加）と資本流入（金融資産増加）を区別した分析

（1）シンガポール

シンガポールの金融収支が全体として黒字基調であるなか，唯一赤字傾

向を続けている直接投資であるが，その背景をより深く探るには，資本流出側と資本流入側に分けてみることが有用である。図2-11をみると，シンガポールの対外直接投資（資本流出側）も対内直接投資（資本流入側）も共に右肩上がりで増大していることがわかる。両者の相関は非常に高い。アグリゲートの収支は，対内直接投資の増加が対外直接投資の増加を上回っているために赤字となっている。

　流出入の相関が高いことの背景として，多国籍企業がアジア地域を統括する機能を有する企業をシンガポールに設立し（対内直接投資），この企業が地域の他国へ子会社を設立する（対外直接投資）というパターンが考えられる。経済発展が見込める東南・南アジアへの好アクセスという地理的特性，発達した金融システムをはじめとした企業活動へのサポートが得られるという経済的特性から，シンガポールは高所得化を遂げた後も海外から直接投資を引き付け続けていることがうかがわれる。

　証券投資，その他投資（銀行ローンなど）は，集計済みのデータでは，共に黒字基調で規模も同程度だが，流出入に分けてみると違いが明らかになる。図2-12をみると，証券投資（アグリゲート）の動きは，そのほとんどが流出側（金融資産増加）によるものであったことがわかる。一方，その他投資（図2-13）では，流出入は，ほぼ同規模であり流出（金融資産増加）がわずかに上回っているため，アグリゲートでは黒字基調となっていることがわかった。また，アグリゲート前の規模でみるとその他投資の規模が証券投資をはるかに上回っていることもわかる。

　その他投資の主要項目が銀行ローンであることを考えると，両建てで動くこと（為替リスクなどの管理）や，規模の大きさは納得できる。シンガポールの国際金融センターとしての経済活動が背景となっているといえるだろう。

（2）マレーシア，タイ

　この両国に共通する特徴は，第1に，金融危機後，アグリゲートの金融収支の黒字化傾向が続いていること，第2に，近年は直接投資の収支も黒字傾向となりつつあることである。後者の背景を知るために流出入に分け

図2-11　シンガポールの対外・対内直接投資の推移

（単位：米ドル）

（出所）　図2-9に同じ。

図2-12　シンガポールの対外・対内証券投資の推移

（単位：米ドル）

（出所）　図2-9に同じ。

図2-13 シンガポールのその他投資（対外・対内別）の推移

（単位：米ドル）

その他投資（流出側：金融資産増加）　　　その他投資（流入側：負債増加）

（出所）　図2-9に同じ。

図2-14 マレーシアの対外・対内直接投資の推移

（単位：米ドル）

対外直接投資（金融資産増加）　　　対内直接投資（負債増加）

（出所）　図2-9に同じ。

た動きをみる（**図2-14，図2-15**）。両国とも2005～2006年頃を境に，対外直接投資が増大していることがわかる。両国企業が他のASEAN諸国など

図2-15　タイの対外・対内直接投資の推移

（単位：米ドル）

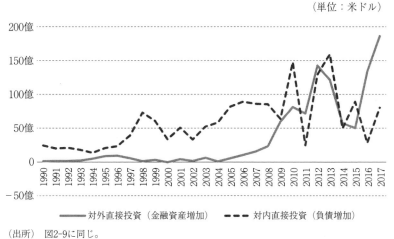

（出所）　図2-9に同じ。

に進出し始めたと考えられる。近隣のCLMV諸国の経済発展が軌道に乗ったことが影響しているようだ。

　両国の証券投資の推移には，直接投資ほどはっきりとしたパターンはないが，2000年代に入って動き始めた。これは，アジア金融危機後の資本市場育成の政策を反映していると考えられる。ただし，ボラティリティが大きく激しく上下動していることには注意が必要である（**図 2 -16**，**図 2 -17**）。

　その他投資については，マレーシアのデータが2010年以降について得られないので，タイについてのみ紹介する（**図 2 -18**）。興味深い点は，1997年のアジア金融危機を挟んで流入（負債増加）が大幅なプラスから大幅なマイナスへ振幅していることだ。金融危機を招いた金融収支の変化の主要な要因は銀行ローンの引き上げであったことが読み取れるだろう[6]。

---

6)　これはタイに特徴的で，インドネシア，フィリピンなどの他国ではこれほど大きな動きはみられない。

図2-16　マレーシアの対外・対内証券投資の推移

(単位：米ドル)

証券投資（流出側：金融資産増加）　　証券投資（流入側：負債増加）

（出所）　図2-9に同じ。

図2-17　タイの対外・対内証券投資の推移

(単位：米ドル)

証券投資（流出側：金融資産増加）　　証券投資（流入側：負債増加）

（出所）　図2-9に同じ。

（3）インドネシア，フィリピン

　この２カ国もアジア金融危機を境に金融収支が黒字化したが，近年になって再び赤字基調へ転換したか，その兆しがみられる。とくにインドネ

46

図2-18　タイのその他投資（対外・対内別）の推移

（単位：米ドル）

──── その他投資（流出側：金融資産増加）　▄ ▄ ▄　その他投資（流入側：負債増加）

（出所）　図2-9に同じ。

シアは直接投資と証券投資の２項目が赤字基調で推移している。

　図 2 -19に対外・対内直接投資に分けた推移をみると，インドネシアでも2000年代中頃より，それまでほとんどなかった対外直接投資が動き始めたことがわかる。対内直接投資と対外直接投資の動きの間に強い相関がみられることも特徴的である。しかし，対内直接投資の規模が対外直接投資を上回って推移しており，その結果，アグリゲートでは直接投資の収支は赤字（資本流入）となっているわけだ。

　この点はシンガポールの場合とよく似ている。インドネシアの財閥がシンガポールに事業統括会社を設立し（対外直接投資），この企業がインドネシアに子会社を設立する（対内直接投資）というやり取りが反映している可能性がある。

　なお，フィリピンも，インドネシアほどはっきりしていないが，同様の動きがみられる（**図 2 -20**）。

　これ以外では，インドネシアの証券投資がおもに流入側の動きにより赤字基調が拡大していることが目を引く（**図 2 -21**）。両国のその他投資とフィリピンの証券投資については特筆するべき点はない（図は割愛）。

図2-19　インドネシアの対外・対内直接投資の推移

（単位：米ドル）

対外直接投資（金融資産増加）　　　対内直接投資（負債増加）

（出所）　図2-9に同じ。

図2-20　フィリピンの対外・対内直接投資の推移

（単位：米ドル）

対外直接投資（金融資産増加）　　　対内直接投資（負債増加）

（出所）　図2-9に同じ。

図2-21　インドネシアの対外・対内証券投資の推移

（単位：米ドル）

（出所）　図2-9に同じ。

　この２カ国は，１人当たり所得も比較的低く，経済成長の余地が大きいので，資本受け入れ先として，金融収支が赤字基調となるのが自然である。金融危機後の黒字基調の方が異例であり，最近の動向は両国の国際金融状況が本来の姿に戻りつつあることを示唆している。

（４）考察

　①シンガポールの金融収支は地域の国際金融センターとしての役割を反映している。直接投資，その他投資が両建てで拡大しており，流出入の間には高い相関関係がみられる。一国経済全体として金融仲介の機能を果たしていることを反映しているようだ。

　②マレーシア，タイの金融収支推移の顕著な特徴は，資本流入だけでなく資本流出側の動きが大きくなってきたことだ。直接投資では，アグリゲートで黒字（資本流出が勝る）基調となるほどである。証券投資でも2000年代半ばより両建ての動きが顕著だが，ボラティリティが大きく，経済不安定化につながらないよう注意が必要だ。

　③インドネシア，フィリピンは，まだ比較的に所得も低く，海外からの

資本受け入れにより成長を底上げする段階と考えられる。しかし，アジア金融危機以後は長らくアグリゲートでは金融収支の黒字基調（資本流出が優勢）が続いた。最近になってようやく赤字基調へ戻ったように見受けられる。インドネシアは直接投資と証券投資の両面で，かなりはっきりとした赤字基調がみられる。フィリピンは，これに比べればやや不鮮明である。

④しかし，インドネシア，フィリピンにおいても，2000年代半ば以降は流入側（負債増加）だけでなく，流出側（金融資産増加）での動きが顕著にみられるようになっている。このように，程度の差はあれどもシンガポール，マレーシア，タイとあわせてASEAN主要5カ国に関しては資本流出入の両建ての動きが顕著であり，これら諸国の金融収支分析に関してはアグリゲートの収支だけでは不十分で，資本流出側・流入側を区別した分析が有効であることがわかった。

おわりに

ASEAN諸国は東アジア全体の経済発展のダイナミズムの中で，先行した諸国（日本，アジアNIEs）の経験から学び，また，これら諸国からの直接投資や技術移転を活用して，全体としては順調な経済発展を遂げてきた。一方で，アジア金融危機（1997年）や世界金融危機（2008年）を経て，いくつかのマクロ経済の課題が浮かび上がってきた。

ひとつは，域内経済格差の存在である。高所得国としても上位に位置するシンガポールから，内戦を経てようやく経済発展の端緒についたばかりのカンボジアまで，40倍を超える所得格差が存在している。域内経済格差の縮小が肝要である。第2に，アジア金融危機後の平均成長率の低下が問題である。その背景には，投資率の低下にともなう貯蓄超過経済への転換がある。第3に，過剰とも思える外貨準備の蓄積にはコストも伴うことを認識する必要がある。第4に，一部の国における少子高齢化の進展は，経済成長を底上げする「人口学的配当」の終わりを示唆する。高所得を実現

済みのシンガポールは別として，タイやベトナムなど経済発展途上の諸国においては深刻な問題と考えられる。第5に，金融深化と資本市場の成長においては上位数カ国を除けばいまだ十分とはいえず，今後も継続的な政策努力が求められる。最後に，ASEAN主要国では従来の資本受け入れ国としての側面に加えて，資本送り出し国としての役割を強めつつある。主要国同士，および後発のCLMV諸国との関係が金融面でも深化していくことが期待される。

〔参考文献〕

〈日本語文献〉

国宗浩三 2013.『IMF改革と通貨危機の理論——アジア通貨危機の宿題』勁草書房.

黒岩郁雄・高橋和志・山形辰史編 2015.『テキストブック開発経済学　第3版』有斐閣.

ジェトロ・アジア経済研究所・朽木昭文・野上裕生・山形辰史編 2003.『テキストブック開発経済学』有斐閣.

渡辺利夫 2010.『開発経済学入門　第3版』東洋経済新報社.

〈外国語文献〉

Calvo, Guillermo A. 1998. "Capital Flows and Capital-Market Crises: The Simple Economics of Sudden Stops." *Journal of Applied Economics* 1 (1): 35–54.

Clark, Colin G. 1940. *The Conditions of Economic Progress*. London: MacMillan.

Rodrik, Dani 2006. "The Social Cost of Foreign Exchange Reserves." NBER Working Paper No.11952.

第3章

財務指標による ASEAN 商業銀行の特徴の分析

濱田 美紀・金京 拓司

はじめに

　1997年のアジア金融危機は震源地となったタイのみならず，韓国，インドネシアにも甚大な影響を与え，そのほかの近隣諸国にも多大な影響をもたらした。その後，各国はそれぞれの再建策を経て，現在にいたるまで銀行部門の再構築は続いている。さらに近年の再構築は域内外資も参入したASEAN全体の再構築の様相をみせている。本章ではシンガポール，タイ，マレーシア，フィリピン，インドネシアの先行ASEAN5カ国に発展の著しいベトナムを加えたASEAN6カ国を対象に，各国の商業銀行部門の特徴を明らかにすることを目的としている。第1節ではASEANにおける各国の銀行の位置づけを世界銀行のデータとBankFocus[1]のデータから確認する。第2節では，Bankscope[2]のデータを用いて，国別に財務状況の変化やその回復の様子を考察する。第3節では，BankFocusのデータを用いて，クラスター分析を行いASEAN6カ国の商業銀行の特徴を抽出

---

1)　BankscopeはBureau Van Dijk社の製品で金融機関の財務データを収録した商業データベースであるが，2017年6月以降はBureau Van Dijk社とMoody's Analytic社によるBankFocusとなっている。

2)　第2節ではBankscopeを，第3節ではBankfocusのデータを利用している。

し，最後にまとめとする。

第1節　ASEAN 6 カ国の銀行部門

　東南アジアの金融部門は銀行を主体とするシステムである。アジア金融危機により経済の中心となる銀行が大きく毀損され，実物経済にも大きな影響を与えた。それから約20年が経過し，各国の銀行部門は健全性を取り戻し，次の段階へと発展している。本節ではASEAN各国の銀行を横並びにして，地域内における各銀行の位置づけを確認することを目的とする。本書で分析対象とするのはASEANの先行5カ国（インドネシア，マレーシア，フィリピン，シンガポール，タイ）であるが，本章では近年成長の著しいベトナムも加えて6カ国を対象とする。先行5カ国というくくりであっても各国の経済発展度は大きく異なる。図3-1に示すようにシンガポールは，1人当たりGDPが5万7700ドル（2017年）の先進国であり，かつ世界の金融センターである。上位中所得国のマレーシアは9950ドル，タイは6600ドル，インドネシアは3850ドル，フィリピンは2900ドルと残り4カ国でも大きく開きがある。また，図3-1には各国の民間部門への銀行貸出残高のGDP比率と金融深化の指標である広義マネーサプライのGDP比率も示している。ベトナムは，1人当たりGDPが2340ドルの低位中所得国であるが，経済発展度合いに比べて金融深化はマレーシア，タイ，インドネシア，フィリピンよりも進んでいることがわかる。

　図3-2では図3-1の銀行貸出残高比率の推移をアジア金融危機時から示している。ベトナムは20年前には銀行貸出残高GDP比率が20％程度しかなかったが，2017年には130％に拡大している。近年のASEAN経済の拡大は先行5カ国だけによるものではなく，ベトナムを筆頭とする後発ASEAN諸国の急速な発展が大きく貢献していることを念頭におく必要がある。国別にみた銀行貸出残高の対GDP比率の推移をみてみると，水準によって3つのグループに分けることができる。まず，シンガポール，マレーシア，タイは危機時の1997年から継続的に100％を超えているグルー

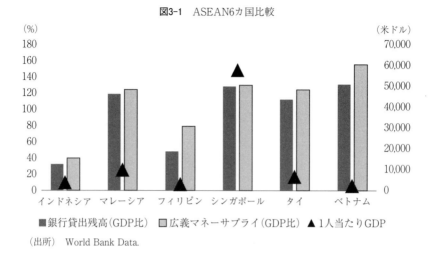

図3-1　ASEAN6カ国比較

（出所）　World Bank Data.

図3-2　民間部門への銀行貸出残高対GDP比率

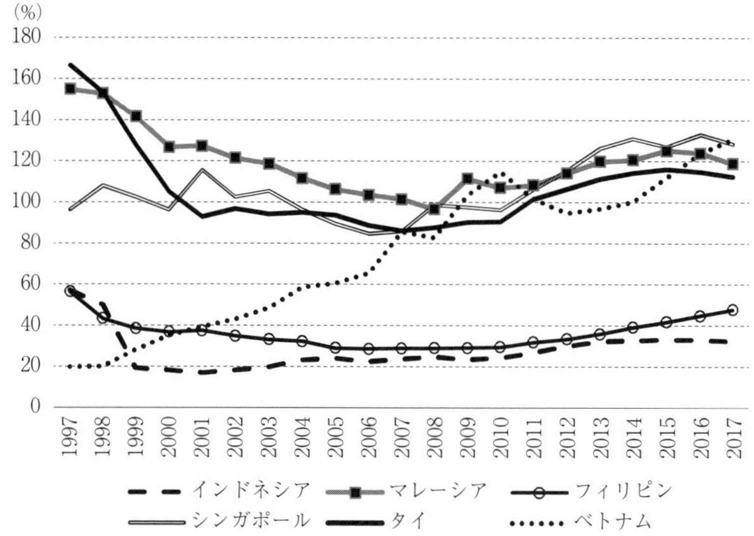

（出所）　図3-1に同じ。

プである。危機により多大な影響を受けたタイにおいても1997年の167％
から低下したものの2001年の93％で底を打ち，2000年代は100％以上を維

持している。もうひとつのグループは，50％以下の水準で推移している
フィリピンとインドネシアである。両国とも実物経済は順調に回復しなが
らも，銀行部門の回復が伴わず，30〜50％の低い水準から脱出できずにい
る。ベトナムはアジア金融危機の影響を他の５カ国ほどには受けていない
ものの，この20年で急速に成長し，あらゆる面でフィリピン，インドネシ
アと肩を並べる勢いである。1997年には20％であったが，確実に成長し，
2017年は130％と第１グループと同じ水準に達している。

　図 3 - 3 は，ASEAN ６ カ国の商業銀行470行中，総資産上位30行につい
て資産規模順に並べている。上位 3 行はシンガポールのトップ 3 行であ
り，資産規模は比較にならないほど大きい。 4 番目のマレーシアの国営銀

図3-3　2016年総資産

（単位：100万ドル）

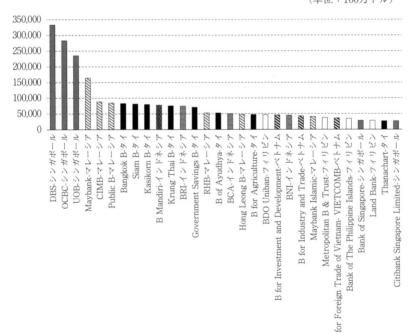

（出所）　Bankfocus.

行 Maybank がトップ 3 行に続く大きさであるものの，5 位以降はほぼ同程度の銀行が並ぶ。国の経済規模に比例して，シンガポール，マレーシアの次にタイとインドネシアの銀行がならび，20 位以下はインドネシア，フィリピン，ベトナムの銀行が入り混じっている。

　図 3 - 4 は30行の総資産と平均総資産利益率（ROAA）をプロットしたものである。規模の大きいシンガポールの銀行の収益率は 1 ％程度とあまり高くない。一方，インドネシアの銀行は収益率が高いことがわかる。これは総資産と純金利マージン（NIM）の関係を示した図 3 - 5 でも同様に確認できる。NIM はインドネシアの銀行群が最も高く，次いでタイの銀行群，フィリピンと続き，マレーシア，シンガポール，ベトナムは 1 〜 2 ％程度と国による違いが確認できる。一方，経営の効率性を示す費用収益比率（図 3 - 6 ）では，個別の銀行による違いが大きいことがわかる。しかしながらタイ，フィリピン，ベトナムの銀行は効率性のうえでも比較的優良であり，規模に比較した収益の高さ，効率の良さが外国銀行の投資対象として魅力的な市場であるといえるかもしれない。

　このように ASEAN のなかにおいても国により発展段階は違い，個別の銀行の特徴も異なる。ASEAN 経済共同体（AEC）が発効し，域内統合による ASEAN 銀行統合フレームワーク（ABIF）を通じたさらなる統合を目指す動きが始まる中，こうした発展段階の違いは，ASEAN 域内における進出する側，される側の境界線となる可能性がある。また，同じ国のなかでも個別の銀行の規模や財務・経営状態によって，今後の戦略は異なってくるはずである。そこで，次節では個別の銀行のデータを用いて，国別に銀行の財務指標がどのように変化してきたかを考察する。

第 2 節　ASEAN 6 カ国の銀行財務指標比較

2 - 1 ．サンプルについて

　本節では個別の銀行の主要な財務指標について，危機後の1999年から2013年までの推移を国別にみていく。ここでは Bankscope の銀行のなかか

図3-4 総資産と ROAA (2016年)

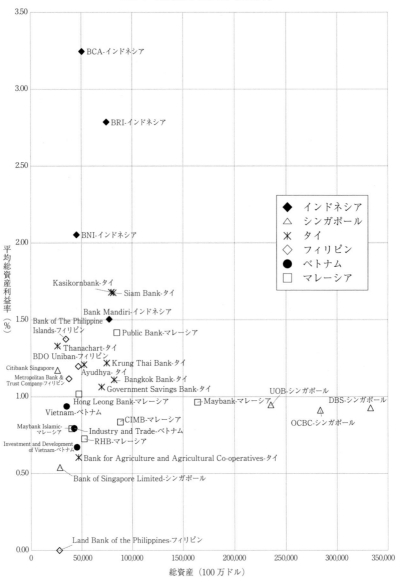

（出所）　図3-3に同じ。

図3-5　総資産と純金利マージン（NIM）（2016年）

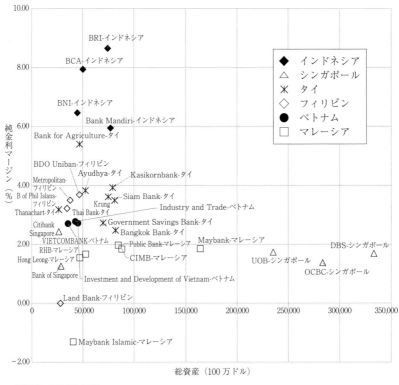

（出所）　図3-3に同じ。

ら，銀行単体の財務データが収録されている 6 カ国473行（インドネシア
166行，マレーシア75行，フィリピン106行，シンガポール46行，タイ29行，ベ
トナム51行）をサンプルとしている。以下では各銀行の財務指標を国別で
平均値を算出し，図に示して各国の傾向を説明する。

2-2．財務指標の推移

（1）総資産

総資産は 6 カ国とも増加している。6 カ国は 3 つのグループに分かれて

図3-6 資産規模と費用収益率（2016年）

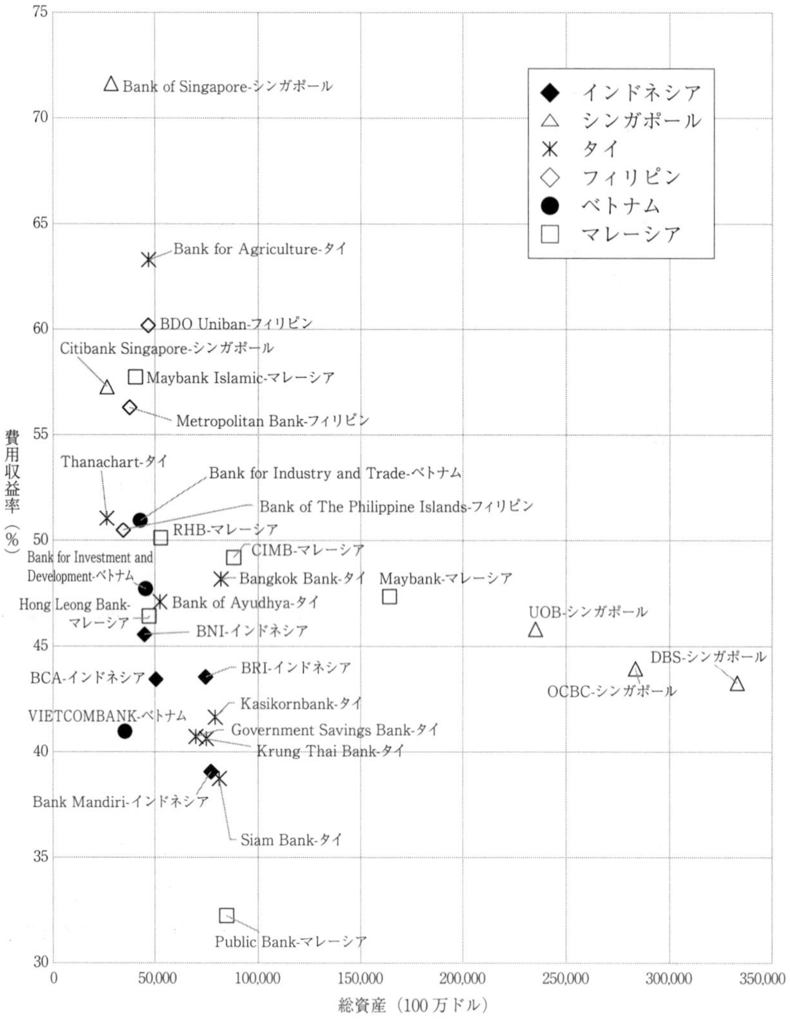

縦軸: 費用収益率（%）
横軸: 総資産（100万ドル）

凡例:
- ◆ インドネシア
- △ シンガポール
- ✳ タイ
- ◇ フィリピン
- ● ベトナム
- □ マレーシア

プロット上のラベル:
- △ Bank of Singapore-シンガポール
- ✳ Bank for Agriculture-タイ
- ◇ BDO Uniban-フィリピン
- Citibank Singapore-シンガポール
- □ Maybank Islamic-マレーシア
- ◇ Metropolitan Bank-フィリピン
- Thanachart-タイ
- Bank for Industry and Trade-ベトナム
- Bank of The Philippine Islands-フィリピン
- RHB-マレーシア
- Bank for Investment and Development-ベトナム
- □ CIMB-マレーシア
- ✳ Bangkok Bank-タイ
- Maybank-マレーシア
- Hong Leong Bank-マレーシア
- Bank of Ayudhya-タイ
- UOB-シンガポール
- BNI-インドネシア
- ◆ BRI-インドネシア
- DBS-シンガポール
- BCA-インドネシア
- OCBC-シンガポール
- Kasikornbank-タイ
- VIETCOMBANK-ベトナム
- Government Savings Bank-タイ
- Krung Thai Bank-タイ
- Bank Mandiri-インドネシア
- Siam Bank-タイ
- □ Public Bank-マレーシア

（出所）図3-3に同じ。

いることがみて取れる（**図3-7**）。まず，シンガポールの銀行の総資産の
規模が他の5カ国に比べて突出している。シンガポールは先進国であり，

図3-7　総資産

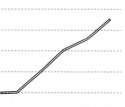

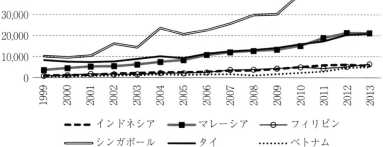

‒ ‒ インドネシア	■ マレーシア	○ フィリピン
シンガポール	タイ	‥‥ ベトナム

（出所）Bankscope.

世界の金融センターでもあることから，立場の違いは明白である。また，2009年以降その伸びが加速している様子は，2008年の世界金融危機以降，欧米からの資金をアジアの金融センターであるシンガポールが吸収していったことを示唆している。2番目のグループはタイとマレーシアである。2013年の平均総資産額はどちらも210億ドル程度でほぼ同じである。シンガポールと比べると伸びは緩やかにみえるが，両国とも2009年以降伸びが大きくなっている。3番目のグループはフィリピン，インドネシア，ベトナムである。2009年以降にベトナムが伸びたことで，3カ国の2013年の平均総資産額は50億～60億ドルとほぼ同じ水準に達している。

　先進国であるシンガポール，高位中所得国に分類されるマレーシア，タイ，そして下位中所得国のフィリピン，インドネシア，ベトナムと経済発展のレベルに相応して，銀行の総資産も3つのグループに分類され，6カ国すべてにおいて，銀行部門は拡大していることが確認できる。

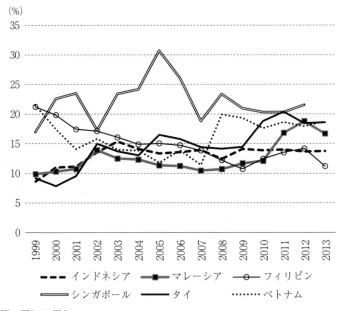

図3-8　リスク加重自己資本比率

(%)

（凡例）
- - - インドネシア　━■━ マレーシア　━○━ フィリピン
──── シンガポール　──── タイ　‥‥‥‥ ベトナム

（出所）　図3-4に同じ。

（2）自己資本比率

　図3-8の国際決済銀行（BIS）基準によるリスク加重自己資本比率は，シンガポールが最も高いものの，他の5カ国も概ね10％を超えた水準を維持している。一方，図3-9の自己資本比率は自己資本額を資産総額で除した割合を示している。図3-8のリスク加重自己資本比に比べた場合，シンガポール，ベトナム，マレーシアの平均値は大きく上下に動いている様子がわかる。これは平均値であるため，一部の銀行の異常値を反映する可能性もあるが，各行がリスク資産に合わせて自己資本をコントロールすることでBIS基準の達成を図っているとみなすこともできる。インドネシア，タイ，フィリピンは15％を超えて安定的に推移しており，自己資本からみた財務の安全性は担保されているといえる。

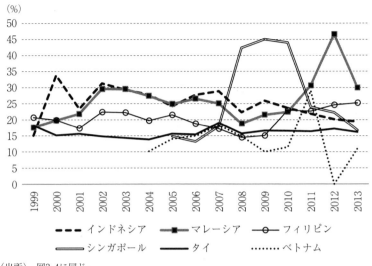

図3-9　自己資本／総資産比率

（出所）　図3-4に同じ。

（3）貸出残高対総資産比率

　総資産に占める貸出残高の割合（**図 3 -10**）は，6 カ国とも30～70％の水準で推移している。インドネシアは1999年には35％と低かったが，これはアジア金融危機後の銀行再建政策により大量の不良債権が銀行から切り離され銀行再建庁へと移管されたためであり，その後の銀行部門の回復と経済成長の伸びにより貸出残高は2013年には68％に上昇している。一方，マレーシアは1999年の58％から2013年の42％へと減少しているが，これは，サンプルに2000年代に拡大したイスラム銀行の動向が含まれていないためであると考えられる。マレーシアの中央銀行統計によると，イスラム銀行を含めた商業銀行の貸出残高対総資産比率は1999年12月の59％であり，その後も55～60％の水準で推移し，2013年12月は60％であった[3]。

　3）　マレーシアの銀行部門におけるイスラム銀行の割合は，2000年は5.3％でしかなかったが，2006年には16％，2013年には22％に拡大している。2000年代前半からコンベンショナル銀行のイスラム銀行子会社設立が認められ，それまで親銀行に計上されていたイスラム金融貸出がイスラム銀行子会社に移管された。

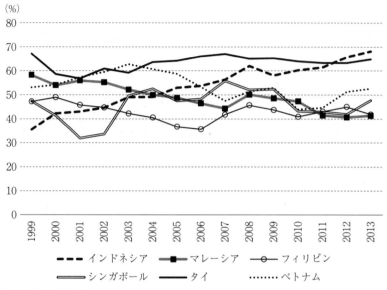

図3-10　貸出/総資産比率

(%)

凡例:
- ーーー インドネシア
- ■ マレーシア
- ○ フィリピン
- シンガポール
- タイ
- ……… ベトナム

（出所）　図3-4に同じ。

（4）純金利マージン（NIM）

　純金利マージン（NIM）は受取利息と支払利子の差額を平均収益資産で除したもので，銀行の収益性の主要な指標である。ここでも３つのグループによって傾向が異なっている（**図３-11**）。NIMが最も小さいのはシンガポールであり，1999年の２％から2013年の１％へと減少傾向にある。タイは1999年には0.3％と小さかったが，その後拡大しマレーシア，ベトナムと同水準の３％前後を保っている。フィリピンとインドネシアは５～８％の高い水準で推移している。インドネシアにおいては，このNIMの高さがインドネシア市場への外国銀行参入の要因のひとつとみなされている。シンガポールを除くASEANの銀行の純金利マージンは相対的に高い水準にあるといえる。

（5）収益率（平均総資本利益率・平均自己資本利益率）

　総合的な収益性を示す総資本利益率（**図３-12**）は，６カ国とも2000年

図3-11　純金利マージン

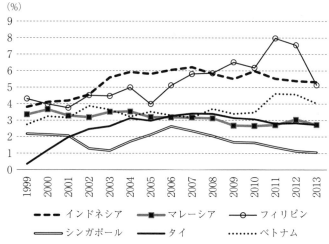

（出所）　図3-4に同じ。

図3-12　平均総資産利益率（ROAA）

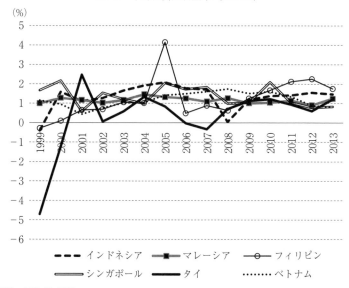

（出所）　図3-4に同じ。

代を通じて概ね改善している。2013年は最も低い値がベトナムの0.8％であり，最も高い値はフィリピンの1.8％となっている。平均自己資本利益率（図3-13）は，タイとベトナムの変動が激しいため個別の銀行を検証する必要があるが，その他の国は10％前後で推移しており，タイとベトナム以外では収益性は安定している。

（6）不良債権比率

　銀行のリスク指標である不良債権比率（図3-14）は危機後14年をかけて大幅に改善している。危機直後の1999年はインドネシアが42％，シンガポールが22％，マレーシアが16％，タイ26％（2000年），ベトナム10％と非常に高く，金融危機の影響の大きさが反映されていた。これらの高い不良債権比率も，各国それぞれの再建策を経て徐々に低下した。2013年はすべての国において5％以下になっており，健全性が向上していることが示されている。

第3節　財務指標によるクラスター分析

　ここまで，ASEAN 主要国の商業銀行部門の平均的な姿をマクロ的な視点からとらえ，その時間的な変化を相互比較することに力点を置いていた。しかし本書の各章で指摘されている通り，この20年で多くの国の商業銀行部門で大手行の寡占化が進み，またさまざまな形の外資の参入，あるいは国内の非銀行部門からの参入が進んできた。そのため，規模別の各層の経営構造には大きな違いがある可能性が高く，また国を超えて資産規模や所有構造のうえで類似性をもつ銀行には共通の特徴がある可能性も考えられる。それぞれの国で上位行と下位行との間に規模や競争力の面で大きな格差が存在するだけでなく，外資系銀行も無視し得ないプレゼンスを示しているなど，平均的な姿ではとらえきれない特徴がある可能性がある。そこで本節では，これまでみてきた時間的変化や国を越えた買収・合併などの結果，ASEAN域内において各銀行がどのような分布になっているか

図3-13　平均自己資本利益率（ROEA）

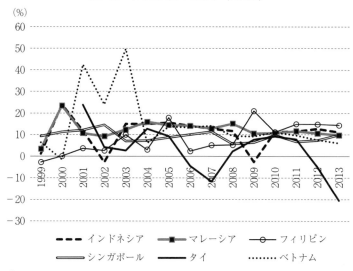

インドネシア　マレーシア　フィリピン
シンガポール　タイ　ベトナム

（出所）　図3-4に同じ。

図3-14　不良債権比率

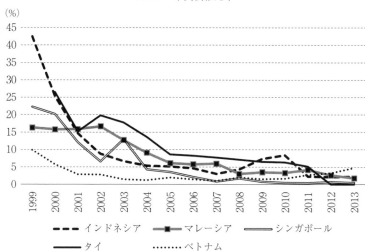

インドネシア　マレーシア　シンガポール
タイ　ベトナム

（出所）　図3-4に同じ。
（注）　フィリピンは国全体の平均値と大きく異なるため除いている。

を確認するために，2017年の個別銀行レベルの財務指標を用いてクラスター分析を行う。クラスター分析は，財務指標をもとにASEAN域内の主要商業銀行の財務構造について基本的なパターンを見出し，類似度からいくつかのグループに分類し，国を超えた銀行の均質性をとらえるものである。それによって，ASEANという地域単位でみた銀行の分布の様子を知ることができ，現在生じているASEAN各国での銀行の変化が示す将来的な大きな流れを推察することができる。河合・本西（2004）は相関分析，クラスター分析および主成分分析を用いてASEANのマクロ経済相互依存と為替レート制度について，日本を含めた先進国とASEAN各国の類似性や近接性を分析している。しかし，銀行部門においてASEANにおける横断的な研究は非常に限られている[4]。ここでは試論として，ASEAN主要国の商業銀行部門のクラスター分析による類型化を試みる。

3-1．分析手順

　観察するサンプルは，インドネシア（ID）・シンガポール（SG）・タイ（TH）・フィリピン（PH）・マレーシア（MY）・ベトナム（VN）の6カ国に拠点を置く商業銀行上位100行（資産規模で順位付け）であり（図3-15），分析には，総資産利益率（ROA），自己資本利益率（ROE），自己資本比率，流動比率，純金利マージン，費用対収益比率，不良債権引当率の7つの財務指標を用いる 。データの出所はMoody's Analytics BankFocusである。分析の時点は，データの制約もあり2017年時点である。つまり，アジア金融危機から20年の変容を経て，直近において商業銀行部門の経営構造がどのように類型化できるかを探るものである。

　分析の具体的な手順は，次のとおりである。まず主成分分析を行い，7つの指標がもつ特徴を少数の合成変数（主成分）に要約し，銀行ごとに各主成分の値（主成分得点）を計算する。主成分分析は，できるだけ少ない情報損失で，互いに無相関な少数の合成変数に縮約し，個体間の差異をよ

4）　Sørensen and Gutiérrez（2006）は欧州各国の銀行の近接性についてクラスター分析を行っている。

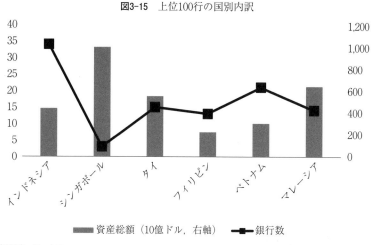

図3-15　上位100行の国別内訳

■ 資産総額（10億ドル，右軸）　—■— 銀行数

（出所）　BankFocus.

り明確にする手法である。次に，主成分得点を使ってクラスター分析を行う。クラスター分析は個体間の類似度を評価する手法であり，マーケティングなどの分野において製品や顧客の分類によく使われる。ここでは階層型分類法を用いてクラスター分析を行い，その結果を樹形図で可視化する。クラスター間の類似度を求める方法にはさまざまなものがあるが，一般的に広く使われるウォード法を用いる 。

3-2.　主成分分析の結果

主成分は元となった指標の数と同じ数まで算出されるが，そもそもの目的がより少数の合成変数への圧縮にあるので，通常は全ての主成分指標を使わず，各主成分に含まれる情報量が多く相対的に説明力の高い上位の主成分のみを用いる。ここでは全体の情報量に占める各主成分の情報量の割合（寄与率）がその平均値を上回る第 3 主成分までを採用する。

次に，各主成分が財務指標からみた銀行経営のどのような特徴をとらえているかを把握するため，主成分負荷量を計算する。主成分負荷量は各主

表3-1　主成分負荷量

（単位：%）

	第1主成分	第2主成分	第3主成分
ROA	0.59	-0.17	
ROE	0.46	-0.47	-0.23
自己資本比率	0.33	0.50	0.34
流動比率	0.22	0.51	-0.31
純金利マージン	0.37	-0.19	0.61
費用対収益比率	-0.34		0.59
不良債権引当率	0.21	0.46	

（出所）　筆者作成。

成分と元となった財務指標の相関係数である。その値が正であれば正の相関，負であれば負の相関があり，絶対値が大きいほど相関が強いことを意味する。**表3-1**に示されるように，第1主成分については，費用対収益比率の負荷量の値が負で，ROA・ROE・自己資本比率・不良債権引当率の負荷量が正であることから，全般的な銀行経営のパフォーマンスの良さをとらえていると考えられる。ただし，ROAの負荷量が正で0.6に近く，相対的に相関が強いことからおもに収益性を代表しているとも考えられる。第2主成分は，自己資本比率と流動比率の負荷量の値が正で0.5以上であることから，銀行の安全性をとらえていると考えられる。ROEの負荷量が負となっているが，これは同じ利益水準でもレバレッジが大きい（すなわち自己資本比率が低い）ほど，ROEが大きくなる傾向があることを反映していると考えられる。最後に第3主成分は，純金利マージンと費用対収益比率の負荷量の値がおおよそ0.6と高く，正の相関があるので，銀行の非効率性をとらえていると考えられる。

3-3．クラスター分析の結果

図3-16は，各銀行の主成分得点を使ってクラスター分析を行った結果を樹形図で示したものである。縦線を結びつける横線は個体またはクラス

図3-16　樹形図

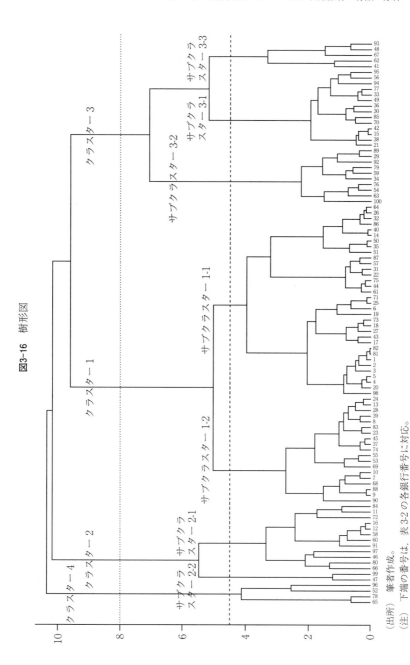

ターの結合を意味し，縦軸が非類似度を測る。より低い位置で結合するほど類似度が高く，類似度が高いものから順次結合していき，最終的にはひとつのクラスターに集約される。ある高さで線を引いて樹形図を切断すると，銀行を一定の類似度でいくつかのクラスターに分類することになる。どの高さで切断するかは分析目的によるが，ここでは最初に点線の位置で4つのクラスターに分類し，さらに各クラスターをより類似度が高いもので構成される小グループに分類するため，破線の位置で8つのクラスターに分類する。8つのクラスターは，それぞれが4つのクラスターのいずれかに包含されるので，ここでは便宜的にサブクラスターと呼ぶことにする。

　表3-2は，各クラスターに含まれる銀行をリストにまとめたものである（スペースの関係から一部省略している）。クラスター1のうちサブクラスター1-1は34行で構成され，シンガポールの上位銀行3行（資産規模で順位付け），マレーシアの上位5行，ベトナムの上位3行が含まれる。他方でサブクラスター1-2は19行で構成され，タイの上位7行が含まれる。なお，シンガポールとマレーシアの銀行は全てクラスター1に含まれている。次にクラスター2は，その大部分を12行で構成されるサブクラスター2-1が占め（サブクラスター2-2はわずか2行），インドネシアの上位3行をはじめとする同国の銀行9行が含まれる。クラスター3のうち，サブクラスター3-1は14行で構成され，フィリピンの上位2行をはじめとする同国の銀行6行とインドネシアの下位行が含まれる。他方，サブクラスター3-2は10行で構成され，ベトナムの第4，5位の銀行と各国の相対的に資産規模の小さい下位行が含まれる。さらに，サブクラスター3-3は5行で構成され，そのうち4行は外資系銀行又は外国資本の支配を受けるインドネシアの銀行である。最後にクラスター4は，三菱UFJおよびBangkok Bankのインドネシア現地法人，ならびにHSBCおよびStandard Chartered Bankのタイ現地法人の4行で構成され，いずれも外資系銀行である。

　これらの分析結果から，各国の上位行は相互の類似性が高く，それぞれの国の銀行部門の発展レベルに対応して，クラスターを形成していること

表3-2　各クラスターの銀行リスト

クラス ター	サブクラ スター	番号	銀行名	国	資産規模 (10億ドル)	国内 ランキング
1	1-1	1	DBS Bank Ltd	SG	387	1
		2	Oversea-Chinese Banking Corporation Limited OCBC	SG	340	2
		3	United Overseas Bank Limited UOB	SG	268	3
		4	Malayan Banking Berhad - Maybank	MY	188	1
		5	CIMB Bank Berhad	MY	103	2
		6	Public Bank Berhad	MY	97	3
		14	RHB Bank Berhad	MY	57	4
		17	Vietnam Bank for Agriculture and Rural Development	VN	51	1
		18	Vietnam Joint-Stock Commercial Bank for Industry and Trade-VietInBank	VN	49	2
		19	Joint Stock Commercial Bank for Foreign Trade of Vietnam- VietComBank	VN	46	3
			（以下省略）			
	1-2	7	Bangkok Bank Public Company Limited	TH	94	1
		8	The Siam Commercial Bank Public Company Limited	TH	93	2
		9	Kasikornbank Public Company Limited	TH	89	3
		10	Krung Thai Bank Public Company Limited	TH	87	4
		13	Bank of Ayudhya Public Company Ltd.	TH	64	5
		23	Thanachart Bank Public Company Limited	TH	31	6
		24	TMB Bank Public Company Limited	TH	26	7
			（以下省略）			
2	2-1	11	Bank Rakyat Indonesia (Persero) Tbk	ID	83	1
		12	Bank Mandiri (Persero) Tbk	ID	83	2
		16	Bank Negara Indonesia (Persero) Tbk, Pt	ID	52	3
		46	Vietnam Prosperity Joint Stock Commercial Bank-VP Bank	VN	12	9
		58	Kiatnakin Bank Public Company Limited	TH	8	11
			（以下省略）			
	2-2	47	Vietnam Technological and Commercial Joint-Stock Bank - Techcombank	VN	12	10
		99	Deutsche Bank Ag - Indonesian Branches	ID	2	34
3	3-1	15	BDO Unibank Inc	PH	53	1
		21	Metropolitan Bank & Trust Company	PH	42	2
		30	PT Bank CIMB Niaga Tbk	ID	20	4
		33	Philippine National Bank	PH	17	4
		36	PT. Bank Panin, Tbk	ID	16	6
			（以下省略）			
	3-2	29	Saigon Commercial Bank-Saigonbank	VN	20	4
		34	Saigon Thuong Tin Commercial Joint-Stock Bank	VN	16	5
		54	CIMB Thai Bank Public Company Limited	TH	9	9
		59	PT Bank Bukopin	ID	8	13
		63	PT Bank UOB Indonesia	ID	7	16
			（以下省略）			
	3-3	41	Bank Danamon Indonesia Tbk	ID	13	7
		48	Bank OCBC NISP Tbk	ID	11	9
		62	Bank Tabungan Pensiunan Nasional PT	ID	7	15
		67	East West Banking Corporation	PH	6	10
		93	PT Bank ANZ Indonesia	ID	2	29
4		52	Bank of Tokyo-Mitsubishi UFJ Ltd.	ID	11	11
		65	The Hongkong and Shanghai Banking Corporation Limited (Thailand)	TH	7	12
		78	Standard Chartered Bank (Thai) Public Company Limited	TH	5	15
		96	Bangkok Bank Pcl - Jakarta Branch	ID	2	31

（出所）　筆者作成。
（注）　SG：シンガポール，MY：マレーシア，VN：ベトナム，TH：タイ，ID：インドネシア，
　　　PH：フィリピン。

がわかる。すなわち，域内で銀行部門が最も発展しているシンガポールとマレーシアの上位行を核としてひとつのクラスター，それに続くタイの上位行を核としてもうひとつのクラスター，さらにインドネシアとフィリピンの上位行を核としてそれぞれ別のクラスターを形成している。これらに加えて，各国の下位行や外資系銀行で独自のクラスターを形成している。なお，ベトナムの上位行がシンガポール・マレーシアの上位行と類似度が高いという結果はやや意外であったが，これら銀行の資産規模ではすでにマレーシア上位行に迫る勢いであり，VietComBankに関してはみずほ銀行，VietInBankに関しては三菱UFJとIFC（国際金融公社）がそれぞれ出資していることから，収益性で改善が進んでいるものとみられる。

　最後に，各クラスターの特徴を財務指標の平均値に基づいて分析する。**表3-3**に示すように資産規模に関しては，シンガポール，マレーシア及びベトナムの上位行を含むサブクラスター1-1が圧倒的に大きく，タイの上位行を含むサブクラスター1-2がその5割強，インドネシアの上位行を含むサブクラスター2-1とフィリピンの上位行を含むサブクラス

表3-3　各クラスターの財務指標平均値

	銀行数	資産規模 (百万ドル)	ROA	ROE	自己資本 比率	流動 比率	純金利 マージン	費用対収 益比率	不良債権 引当率
クラスター1	53	47,286.43	1.05	10.83	10.00	17.04	2.86	47.48	95.22
サブクラスター1-1	34	56,301.71	0.88	10.74	8.68	15.10	2.50	49.03	75.51
サブクラスター1-2	19	31,153.84	1.35	10.97	12.35	20.53	3.51	44.71	130.49
クラスター2	14	20,423.50	2.34	20.15	12.43	16.46	6.17	46.72	89.75
サブクラスター2-1	12	22,651.08	2.28	18.29	13.04	14.04	6.68	48.87	94.76
サブクラスター2-2	2	15,273.21	2.67	31.27	8.78	30.99	3.10	33.86	59.69
クラスター3	29	11,455.28	0.89	6.63	12.12	14.38	4.58	62.41	122.24
サブクラスター3-1	14	7,816.00	1.11	8.66	13.08	13.42	5.02	59.15	79.91
サブクラスター3-2	10	8,043.60	0.15	1.98	7.96	13.26	2.86	70.44	80.34
サブクラスター3-3	5	7,058.00	1.73	10.26	17.76	19.31	6.77	55.50	324.58
クラスター4	4	6,104.75	1.43	8.91	18.88	58.35	2.78	35.91	300.58

（出所）　筆者作成。

ター3-1が，さらにその7割と半分の水準にそれぞれなっている。このほかに，各国下位行を含むクラスター3-2や外資系銀行を含むクラスター3-3と4があるが，いずれも資産規模は相対的に小さい。

　次にROAをみると，サブクラスター2-1の水準が相対的に高く，同時に純金利マージンの水準も高い。このクラスターは上位行を含むインドネシアの銀行によって大部分が占められているが，純金利マージンの水準の高さは，同国の銀行部門における潜在的な収益機会の大きさを示していると考えられる。同様に純金利マージンの水準は，サブクラスター3-3でも高いが，同クラスターもおもにインドネシアの銀行で構成されている。対照的にシンガポールやマレーシアの上位行を核とするサブクラスター1-1のROAと純金利マージンは相対的に水準が低いが，これはすでにシンガポールやマレーシアにおいては銀行数が多く，競争環境が厳しいことのあらわれと考えられる。フィリピンの上位行を含むサブクラスター3-1の純金利マージンはサブクラスター2-1に次ぐ水準であるが，ROAの水準に関しては前者が後者を大きく下回っており，潜在的な収益機会が実際の利益に結びついていない可能性を示唆する。最後に，タイの上位行を核とするサブクラスター1-2の純金利マージンの水準は，サブクラスター1-1とサブクラスター2-1の間の水準であり，競争環境でみたタイ銀行部門のASEAN域内における相対的な立ち位置を示唆している。

　費用対収益比率に関しては，各国下位行で構成されるサブクラスター3-2の水準がとくに高く，効率性で劣ることがわかる。また，自己資本比率と不良債権引当率に関しては，おもに外資系銀行で構成されるクラスター4とサブクラスター3-3の水準が高く，安全性の面で優れているといえる。とくに前者は流動比率でも突出して水準が高い。

　これらの分析結果からASEAN商業銀行は大手行を核としつつ，各国の銀行セクターの成熟度に応じて一定のクラスターを形成していることがうかがわれる。また，各国の下位国や外資系銀行は独立したクラスターを形成しており，本書の第1章，第5章，第6章における寡占化，外資参入，国内の新規参入など，各国の商業銀行部門の構造変化についての観察と概

ね整合的である。各国の商業銀行部門はそれぞれに多様化が著しく，平均的な姿ではとらえきれない特徴をもっている可能性が示唆される。

おわりに

　本章では，ASEAN諸国のインドネシア，マレーシア，フィリピン，シンガポール，タイ，ベトナムを対象に銀行部門の現状を概観してきた。アジア金融危機後，各国で銀行部門は再構築され，資産規模の拡大が続くとともに，自己資本比率・利益率・不良債権比率などの指標で健全化が進んでいることが示された。こうした銀行の財務状況の改善は，買収による外部からの市場参入の誘因ともなり，銀行部門全体の活性化につながることが期待される。

　他方で，実物経済との比較でみた銀行部門の拡大のペースは，国によって差がみられる。アジアの金融センターでもあるシンガポールの銀行部門は確実に資産を拡大しており，とくに2008年の世界金融危機以降，欧米からの資金も吸収しつつ，そのペースを加速している様子がうかがわれる。また，高位中所得国であるマレーシア，タイの銀行は危機後も安定的に発展している。その一方，低位中所得国のインドネシア，フィリピンは実物経済の発展に比べて，銀行部門の伸び悩みが続いている。対照的に中所得国になり急速に発展しているベトナムは，実物経済の発展に比例して銀行部門も拡大している。このようにASEAN域内においても銀行部門の発展に格差がみられ，今後の経済統合が進むなかで，こうした格差が域内銀行の進出を促進する面もあることが考えられる。

　本章では，おもに世界銀行のデータを利用して財務指標の国別の中央値をみながら銀行部門の変化を概観したが，これを補完するものとして個別銀行レベルの財務指標を用いたクラスター分析も行い，財務構造の類似度から域内上位100行の分類を試みた。その結果，ASEAN域内の商業銀行は大手行を核としつつ，各国の銀行部門の成熟度に応じて，いくつかのクラスターに分類できることが明らかになった。他方で，各国の下位行や外

資系銀行は独立したクラスターを形成するなど，国単位の平均的な姿では
とらえきれない特徴がそれぞれの銀行部門には存在する可能性も示され
た。このことは，本書の後半に続く国別銀行部門の詳細な分析の有用性を
示唆するものである。

〔参考文献〕

〈日本語文献〉

河合正弘・本西泰三　2004.「ASEANのマクロ経済相互依存と為替レート制度」伊藤隆
　　俊・財務省財務総合政策研究所編『ASEANの経済発展と日本』日本評論社.

〈外国語文献〉

Sørensen, Christoffer Kok and Josep Maria Puigvert Gutiérrez 2006. "Euro Area Bank-
　　ing Sector Integration Using Hierarchical Cluster Analysis Techniques." Work-
　　ing Paper Series No.627. European Central Bank.

〈ウェブサイト〉

Bank Negara Malaysia 2017. "Financial Stability and Payment Systems Report 2017."
　　http://www.bnm.gov.my/files/publication/fsps/en/2017/cp04.pdf（2019年4月27
　　日アクセス）.

第4章

ASEANにおける商業銀行の域内統合と外資の参入

清水 聡

はじめに

　近年堅調に経済成長を続ける東南アジア地域では，ASEAN経済共同体（AEC）の設立にともない，域内金融統合を促進する政策が進められている。本章では，地域金融統合が進むなかで，域内の銀行がどのように動いているのかについて検討する。シンガポールやマレーシアの銀行は域内を含む海外への進出を拡大しているものの，その他の国では銀行の海外進出の動きは全般に鈍い。こうした動向をうけて，本章ではシンガポールの3大銀行の海外進出状況を中心に検討し，域内銀行統合の進展について展望する[1]。構成は以下のとおりである。第1節では，域内銀行統合の推進力を政策面と実態面に分けて考察し，今後を展望するうえでの基本的な考え方を整理する。第2節では，東南アジアにおける域内銀行統合の進捗状況と，各国において海外の銀行が有するプレゼンスについて検討する。第3節では，ASEAN諸国における外国銀行の拠点開設および国内銀行に対する出資の動向をみたうえで，邦銀のアジア・ビジネスの拡大に触れる。第

---

1)　なお，清水（2018）をあわせて参照されたい。

4節では，シンガポールの銀行部門の概要と3大銀行のビジネスの状況について述べ，これらの銀行が近隣諸国におけるビジネス展開を重視していることを確認する。

第1節　域内銀行統合を促進する要因

ASEANにおいて域内金融統合が政策的に進められるなか，域内の銀行がどのように海外進出戦略を実行しているか，また，海外進出が実際に進むか否かは，各銀行の経営戦略にかかっている。ここでは，域内銀行統合を促進する政策面と実態面の要因を検討していく。

1-1．域内銀行統合の政策面

（1）ASEAN金融統合の経緯と適格ASEAN銀行（QABs）

ASEAN金融統合に関しては，2007年に作成されたAECブループリントにおいて，①金融サービスの自由化，②資本市場の整備・統合，③資本取引の自由化，を目指すことになった。2011年4月にはASEAN金融統合フレームワーク（ASEAN Financial Integration Framework: AFIF）が策定され，金融自由化・統合のアプローチの全体像が示されて，2020年までにある程度統合された（semi-integrated）金融資本市場の確立を目指すことになった。

金融サービスの自由化は，ASEAN諸国の銀行・保険会社・投資会社が域内の他国でサービスを提供することを認めるものである。銀行に関しては，域内の銀行から競争力等の面で一定の水準に達した「適格ASEAN銀行」（Qualified ASEAN Banks: QABs）を認定し，国内銀行と平等な扱いを受けさせることを目指している。QABsを認めるための枠組みとして，AFIFと同時にASEAN銀行統合フレームワーク（ASEAN Banking Integration Framework: ABIF）が作られ，2014年12月のASEAN中央銀行総裁会合において，ABIFのガイドラインに対する署名が行われた。ABIFの

柱は，①健全性規制の原則の調和，②金融安定に必要なインフラ（マクロプルデンシャル政策，危機管理政策，預金保険など）の構築，③BCLMV諸国（ブルネイ・カンボジア・ラオス・ミャンマー・ベトナム）への能力構築プログラムの供与，④QABsの基準の決定，である。

　QABsの認証を受けた銀行は，進出した国で国内銀行と同じ扱いを受けることとされている。この枠組みを機能させるために，各国の銀行規制や金融インフラ（格付け機関，信用保証のファシリティ，銀行間市場など）の調和に向けた調整が進められていくことになろう。また，そうした金融インフラの整備状況には国によって違いがあるため，枠組みの適用は段階的に進む可能性があり，また，域内の先進国から後発国への金融技術支援が不可欠である。

　2015年11月，AECブループリント2025が発表された。このなかで，従来の目標であった金融統合に金融包摂・金融安定が加えられた。資本取引の自由化，決済システム整備，能力構築も含まれている。金融統合に関しては，2007年のブループリントに基づく取組みを継続することになった。

　ABIFに基づき，ASEAN各国は2国間の合意によりQABsの枠組みを作り上げていくことになる。金融統合を実際に進めるため，2016年4月の第2回ASEAN財務大臣中央銀行総裁会合において「ASEAN金融統合に向けた戦略行動計画2025」が採択された。ASEAN諸国のうちインドネシア・マレーシア・フィリピン・タイの4カ国の間では，2国間の合意（組合わせは6通り）が何らかの形で成立している。ただし，各国間の交渉の多くは現在も継続中であり，また，実際にQABsとなったのは今のところインドネシアのマンディリ銀行（2017年7月に資格付与）のみである。

（2）今後の展望

　域内銀行統合に向けた政策は，今後も計画に基づいて進められよう。また，ABIFにおいては，最も注目されるQABsの枠組みによる市場相互アクセスの拡大の課題以外に，ASEAN後発国の金融インフラ整備や銀行の能力構築なども重視されている。域内銀行市場の統合には，これらの取組みの進捗による金融システムの域内格差の解消が前提となる。ただし，現

状では実際に規制がどのようなものとなるかなど不透明な点が多く，当局以外の金融関係者の間での認知度は低いと思われる[2]。

1-2. 域内銀行統合の実態面

（1）新興国の銀行による海外進出の背景[3]

新興国に対するクロスボーダー銀行信用は，2012年までの10年間に3倍近くに拡大した。とくに増加したのは中国・ブラジル・ロシア向けであるが，信用残高の約半分はアジア太平洋地域に対するものである。

リーマン・ショック以降，新興国に対して同一地域内の諸国（先進国・新興国の双方を含む）の銀行による信用が拡大する傾向がみられ，域内銀行統合が進んでいるといえるが，その傾向はアジアでとくに顕著である。東南アジア諸国（インドネシア・フィリピン・タイ・ベトナム）では域内の銀行からの信用の比率はとくに高く，海外からの銀行信用に占める域内からの比率は25～50％であり，各国の国内信用全体に占める比率は5～10％となっている。

新興国の銀行による海外ビジネスの拡大を促進する要因は，先進国の銀行の場合と基本的に同じである。第1に，自国企業が海外に進出した場合や自国民が海外に移住した場合に，彼らに金融サービスを提供することである。企業や個人の海外進出・移住においては，文化的・地理的に関係が密接であることが背景となっている場合が多い。たとえば，マレーシアとインドネシアはともにムスリムの人口が多く，イスラム金融の発展にも取り組んでいる。そのため，マレーシアの銀行はインドネシアを最も重要な進出先のひとつととらえている。また，地理的に近ければ相互に貿易・投資が拡大しやすく，銀行取引も生まれやすい。グローバルに進出を図る先進国の銀行とは対照的に，新興国の銀行は域内進出を優先しやすいと考えられる。

新興国の銀行による対銀行の出資・買収も，同一地域内で行われること

---

2) 2018年10月に実施したクアラルンプールでの関係機関へのヒアリングに基づく。

3) この部分の記述は，主にBIS（2014）に基づく。

が多い。たとえば，シンガポールやマレーシアの銀行は，出資・買収の多くを東南アジア地域で行っており，母体の規模に比較して大型の買収も多く，地域内の展開にかなり積極的である。これに対し，中国・韓国・インドの銀行は，相対的にグローバルな指向を有しているといえる。

　第2に，自国市場が飽和気味となっている場合に，海外進出によって新たな収益機会を求めるとともにリスク分散を図ることである。先進国の例であるが，日本では成長が鈍化し，低金利が続いていることから収益機会が少ない。また，シンガポールやマレーシアでは自国市場の規模が小さく，競争が厳しいために収益機会が減少している。

　一方，インドネシアやフィリピンでは金融包摂が遅れ，国内に収益機会が残されていることが海外進出を抑制している。また，これらの国の銀行は相対的に小規模で国際競争力に乏しく，海外進出を拡大する段階にない場合が多い。

（2）今後の展望

　以上の点を踏まえると，ASEANの域内銀行統合を促進する要因は，第1に，AECブループリントなどで示された健全性規制の原則の調和や金融インフラ整備などの政策の動向である。これが銀行の能力向上や金融規制の調和の進展につながれば，実態的進展が促進されることが期待される。第2に，AECにおける実体経済面の域内統合のさらなる進展である。第3に，インドネシア・フィリピン・CLMV諸国においても，政策的な金融システム整備による銀行の国際競争力の向上，フィンテックの拡大による金融包摂の進展などを背景に，これらの国の銀行が次第に海外進出を拡大する可能性がある。

　一方，域内銀行統合が期待通りに進まない可能性もある。第1に，海外進出しようとする銀行が域内を重視するとは限らない。後述するシンガポールの銀行の場合も，中華圏（中国本土，香港，台湾）・東南アジア・南アジアなど，多くの地域に進出している。ASEAN域外に，富裕層ビジネスなどの大きなビジネス・チャンスが存在するためである。第2に，域内経済・金融の発展度格差が阻害要因となる可能性もある。したがって，域

内統合促進の観点からも後発ASEAN諸国の金融システムを整備すること
が重要であり，この整備こそがASEAN金融統合が目指す「平等な統合」
を実現するために必要であるといえる。実際には，すでに多くの銀行が後
発ASEAN諸国に進出しているが，これは現地の金融システムが未成熟で
あるために存在する収益機会がおもな動機であり，受入国の利益となって
いるか否かは議論の余地があろう。

第2節　アジアに向かうクロスボーダーの銀行融資の動向

2-1．域内銀行統合の進展

　次に，アジア10カ国・地域に向かうクロスボーダーの銀行融資の動向を
BISのデータにより観察する（**表4-1**）[4][5]。**表4-1**は，アジア10カ国・地
域に対する欧米・日本・韓国・台湾からのクロスボーダー銀行融資の残高
の変化がわかるように，2007年，2012年，2018年について示したものであ
る。リーマン・ショック以前（2007年）にアジア向け貸出の29％を占めて
いた（英国以外の）欧州の銀行の比率はリーマン・ショック後（2012年）
には14.1％に半減し，アジア向けの融資規模を縮小したことが確認でき
る。しかし，貸出額の減少は各国に対して一様ではなく，日本・韓国・マ
レーシア向けの減少が大きく，それ以外のASEAN向けに大きな減少はみ
られない。アジア10カ国・地域に対する全体の貸出額は2007年12月から
2018年6月にかけて約2倍（2.3兆ドルから4.7兆ドル）となったが，欧州の
銀行は中国・香港・シンガポール向けを中心に貸出を伸ばしたものの，全
体に占める比率は大幅に低下したままとなっている。

　次に，**表4-1**においてアジア域内でのクロスボーダー銀行融資の動向

---

4)　Consolidated Banking Statistics, Table B4 の Total claims on an immediate
　　counterparty basis を使用している。このデータには，クロスボーダーのフロー
　　と現地での現地通貨建て融資の双方が含まれる。

5)　カンボジア・ラオス・ミャンマーは，金額が小さいため省略した。また，貸出側
　　のBIS報告銀行に関しても，アジアへの融資規模が小さいブラジル・チリ・フィ
　　ンランド・ギリシャ・アイルランド・メキシコ・パナマ・トルコは除外している。

を確認する。ここでは，大雑把にオーストラリア・台湾・日本・韓国の銀行と「その他」の国の銀行がアジア地域の銀行であるとみておきたい。これらの国の比率を合計すると，2007年12月から順に33.2％，39.7％，42.6％と増加している。アジア向けクロスボーダー銀行融資の出し手に占めるアジア地域の銀行の比率が上昇しており，その意味において域内銀行統合が進んでいると評価することができる[6]。

　2007年12月と2018年 6 月のアジアへの貸出額を比較してとくに増加が大きいのは，オーストラリア・カナダ・台湾である。オーストラリアのアジア地域向け貸出は，2007年12月の194億ドルから2018年 6 月には1257億ドルと6.5倍に拡大している。しかし，金額では日本が圧倒的に大きい。英国・米国の融資額はさらに大きいが，英国の融資先としてとくに伸びているのは中国・香港であり，米国の場合は日本である。これに対し，日本はシンガポール以外のASEAN諸国向けの金額を大幅に伸ばしている。

2 - 2 ．外国銀行のプレゼンスの増大

　本項では，前項と同じ貸出額のデータを各国のGDPや国内信用と比較して，海外からの借り入れ（クロスボーダー取引）が拡大していることを確認する（**表 4 - 2**）。2018年 6 月の国内信用に対するクロスボーダー融資額の比率に注目すると，第 1 に，国際金融センターである香港・シンガポールではこれがきわめて高く，クロスボーダー取引を扱う外国銀行のプレゼンスが高いことが示唆されている。第 2 に，日本・中国・韓国では，国内金融システムの規模が大きいためにクロスボーダー融資は小さい。一方，ミャンマーでは，銀行部門の対外開放の歴史が浅いために比率が低い。第 3 に，マレーシア・インドネシア・タイ・ブルネイ・カンボジア・

---

6)　「その他」には分析から除外した欧州や南米の銀行が含まれるが，それらによる
　融資額は非常に小さいため，「その他」に含まれる銀行のほとんどはデータを公
　表していない報告銀行国・地域である香港とシンガポールの銀行，および報告銀
　行国・地域に所在するその他のアジア諸国の銀行と考えられる。したがって，域
　内比率に関する誤差は小さいといえよう。

表4-1 アジア10カ国・地域に対するクロスボーダー銀行融資額の貸出国・地域別内訳

（単位：100万ドル）

①2018年6月

借り入れ国	クロスボーダー貸出額合計	貸出銀行の国籍					アジア地域の銀行			
		英国以外の欧州	カナダ	英国	米国	オーストラリア	台湾	日本	韓国	その他
日本	1,039,455	316,318	42,098	151,846	384,903	34,277	30,333	0	12,637	67,043
中国	1,258,410	131,151	11,618	185,621	87,927	28,899	40,978	76,422	29,851	665,943
香港	997,149	120,144	4,154	454,607	80,424	18,459	37,715	91,594	13,191	176,861
シンガポール	502,270	131,618	11,030	109,803	85,889	28,203	13,984	79,043	3,656	39,044
韓国	308,684	43,968	1,593	73,120	80,242	5,104	7,820	47,343	0	49,494
マレーシア	174,848	10,864	0	37,622	16,180	2,433	3,265	25,097	1,403	77,984
インドネシア	155,979	21,303	421	17,064	14,479	4,395	4,811	36,366	9,538	47,602
タイ	166,612	8,904	0	12,200	11,114	1,595	1,838	98,668	324	31,969
フィリピン	37,204	4,344	322	6,668	7,305	1,118	2,430	10,247	1,037	3,733
ベトナム	53,111	5,915	24	7,825	3,678	1,255	7,172	12,353	0	14,889
アジア合計	4,693,722	794,529	71,260	1,056,376	772,141	125,738	150,346	477,133	71,637	1,174,562
銀行の国籍ごとの比率（％）	100.0	16.9	1.5	22.5	16.5	2.7	3.2	10.2	1.5	25.0

アジア地域の銀行の合計（％） 42.6

②2012年12月

借り入れ国	クロスボーダー貸出額合計	貸出銀行の国籍					アジア地域の銀行			
		英国以外の欧州	カナダ	英国	米国	オーストラリア	台湾	日本	韓国	その他
日本	801,772	159,188	0	112,625	347,935	19,167	4,409	0	5,991	152,457
中国	733,151	69,208	0	142,149	70,605	17,875	24,067	62,377	19,311	327,559
香港	661,835	78,017	4,729	317,414	62,504	14,683	22,546	64,755	6,048	91,139
シンガポール	390,026	98,507	1,658	103,020	59,927	28,217	7,918	55,527	3,655	31,597
韓国	330,467	32,779	0	87,946	95,571	5,486	3,248	50,075	0	55,362
マレーシア	168,543	10,852	0	48,911	20,756	2,075	1,650	13,842	803	69,654

借り入れ国	クロスボーダー貸出額合計	英国以外の欧州合計	カナダ	英国	米国	アジア地域の銀行				
						オーストラリア	台湾	日本	韓国	その他
インドネシア	130,253	16,139	764	22,425	17,284	5,712	1,539	24,423	2,658	
タイ	105,788	4,510	0	14,042	13,710	339	1,289	40,776	473	
フィリピン	43,092	5,778	467	10,030	9,824	2,591	1,341	5,623	865	
ベトナム	33,067	5,023	0	5,285	2,265	2,640	3,231	5,483	0	
アジア合計	3,397,994	480,001	7,618	863,847	700,381	98,785	71,238	322,881	39,804	
銀行の国籍ごとの比率(%)	100.0	14.1	0.2	25.4	20.6	2.9	2.1	9.5	1.2	24.0
アジア地域の銀行の合計 (%)										39.7

③2007年12月

貸出銀行の国籍

借り入れ国	クロスボーダー貸出額合計	英国以外の欧州合計	カナダ	英国	米国	アジア地域の銀行				
						オーストラリア	台湾	日本	韓国	その他
日本	758,265	314,073	4,121	116,701	123,137	1,668	4,301	0	0	0
中国	275,447	56,780	2,476	60,566	27,109	3,369	1,956	33,068	0	0
香港	374,720	81,065	4,182	167,940	21,367	5,240	11,416	43,994	0	0
シンガポール	250,896	87,629	0	54,329	34,039	5,455	5,354	39,160	0	0
韓国	374,542	77,051	4,260	91,380	73,903	2,270	5,584	29,832	0	0
マレーシア	66,740	17,709	0	29,074	13,096	109	1,012	8,477	0	0
インドネシア	66,740	18,282	268	7,645	9,546	512	619	9,606	0	0
タイ	54,934	7,521	71	8,041	5,545	81	1,134	17,373	0	0
フィリピン	30,960	6,764	0	5,099	4,884	343	1,258	3,817	0	0
ベトナム	14,931	3,293	0	3,440	1,425	356	1,618	1,797	0	0
アジア合計	2,311,682	670,167	15,378	544,215	314,051	19,403	34,252	187,124	0	
銀行の国籍ごとの比率(%)	100.0	29.0	0.7	23.5	13.6	0.8	1.5	8.1	0.0	22.8
アジア地域の銀行の合計 (%)										33.2

(出所) BIS, Consolidated Banking Statistics (Table B4).
(注) 英国以外の欧州には、オーストリア・ベルギー・フランス・ドイツ・イタリア・オランダ・スペイン・スウェーデン・スイスを含む。それ以外の欧州諸国および南米等の諸国は、金額が小さいため、分析から除外した。

**表4-2　アジア14カ国・地域に対するクロスボーダー
銀行融資額の対GDP比率と対国内信用比率**

①2018年6月

借り入れ国	クロスボーダー融資額合計（100万ドル）	名目GDP（10億ドル）	国内信用（10億ドル）	クロスボーダー融資額合計／GDP（%）	クロスボーダー融資額合計／国内信用（%）
日本	1,039,455	4,873.2	13,044.6	21.3	8.0
中国	1,258,410	12,014.6	27,338.4	10.5	4.6
香港	997,149	341.4	770.3	292.0	129.4
シンガポール	502,270	323.9	450.6	155.1	111.5
韓国	308,684	1,540.5	2,605.3	20.0	11.8
マレーシア	174,848	312.4	461.8	56.0	37.9
インドネシア	155,979	1,015.4	411.6	15.4	37.9
タイ	166,612	455.4	582.7	36.6	28.6
フィリピン	37,204	313.6	209.5	11.9	17.8
ベトナム	53,111	220.4	316.6	24.1	16.8
ブルネイ	1,828	12.1	3.7	15.1	49.8
カンボジア	8,243	22.1	13.8	37.3	59.6
ラオス	2,231	17.0	9.0	13.1	24.7
ミャンマー	2,021	67.3	28.2	3.0	7.2

②2012年12月

借り入れ国	クロスボーダー融資額合計（100万ドル）	名目GDP（10億ドル）	国内信用（10億ドル）	クロスボーダー融資額合計／GDP（%）	クロスボーダー融資額合計／国内信用（%）
日本	801,772	6,203.2	13,827.7	12.9	5.8
中国	733,151	8,570.4	12,807.5	8.6	5.7
香港	661,835	262.6	464.1	252.0	142.6
シンガポール	390,026	289.2	281.0	134.9	138.8
韓国	330,467	1,222.8	1,935.5	27.0	17.1
マレーシア	168,543	314.4	409.9	53.6	41.1
インドネシア	130,253	919.0	342.0	14.2	38.1
タイ	105,788	397.6	480.5	26.6	22.0
フィリピン	43,092	250.1	131.4	17.2	32.8
ベトナム	33,067	155.6	163.4	21.3	20.2
ブルネイ	4,509	19.0	2.4	23.7	191.9
カンボジア	1,411	14.0	5.3	10.0	26.8
ラオス	555	10.2	4.1	5.4	13.6
ミャンマー	329	59.7	10.6	0.6	3.1

（出所）　BIS, Consolidated Banking Statistics（Table B4），IMF, World Economic Outlook Database（GDP），Asian Development Bank, Key Indicators 2017（国内信用）.

ラオスで比率が高い。これらの国ではある程度対外開放が進んでいるた
め，外国銀行のプレゼンスが高まっているものであると考えられる。2時
点間で比較すると，国内信用に対する比率の変化は各国で多様である。第
1に，香港・シンガポールではこの間の国内信用の伸びが大きく，外国銀
行のプレゼンスが低下したことが注目される。第2に，タイや後発
ASEAN諸国で比率が上昇する一方，フィリピンでは比較的大幅に低下し
た。これらは，各国に対する外国銀行の関心を反映しているといえ，後発
ASEAN諸国の上昇幅がとくに大きいことは，各国内において外国銀行の
果たす役割が高まっていることを示唆している。

　外国銀行の参入に関しては，国内金融システムの健全性に問題が生じる
懸念がある。IMF（2017）は，ミャンマーに多くの外国銀行が参入して民
間銀行のバランスシートが急拡大したために健全性規制の変更が追いつか
なくなっていることを指摘し，金融監督が十分に強化されるまで民間銀行
の免許の新規発給を停止することを提案している。

第3節　東南アジアにおける域内外の銀行の
拠点展開・出資の動向

3-1．域内における拠点展開の動向[7]

　ASEAN諸国の銀行部門においては，外国銀行の参入に対して参入形態
（出資，現地法人の設立や支店の開設による拠点展開など）・出資比率・ビジネ
スの範囲などの制限が設けられているものの，総じて開放的である。参入
形態に関しても，マレーシアで支店の設立が認められないこと以外，目
立った禁止項目はない。このため，グローバルにビジネスを展開する欧米
の銀行ばかりでなく，アジアの銀行もASEAN域内における拠点展開を拡
大している（**表4-3**）。

　この表のグローバル3行（HSBC, Standard Chartered Bank, Citibank）は

---

　7)　域内での拠点展開および出資の動向に関しては，AMRO（2015, 11-15）を参考
　　　とした。

ASEAN 6 カ国（当初加盟 5 カ国とベトナム）で活発に業務を展開している
が，カンボジア・ラオス・ミャンマーのカバーはやや手薄である。邦銀は
メガバンクが 3 行ともアジア業務に注力しており，ASEAN 全域を視野に
入れているとみられる。一方，中国の銀行に関しては，もともと国際業務
を担当してきた中国銀行は ASEAN をフルにカバーしており，中国最大手
の中国工商銀行（Industrial and Commercial Bank of China: ICBC）もこれに
追随しているが，それ以外の銀行の海外展開はようやく本格化し始めた段
階とみられる。

ASEAN 域内の銀行についてみると，ASEAN への注力が顕著に認めら
れるのはシンガポールの Overseas Chinese Banking Corporation（OCBC）
と United Overseas Bank（UOB），マレーシアの Maybank と CIMB，タイ
の Bangkok Bank である。

これに対し，ASEAN の残り 7 カ国の銀行に関しては，海外展開は相対
的に遅れた状況であり，ASEAN 地域にも拠点はほとんどない。銀行の規
模が小さく国際競争力が低いことや，母国で金融包摂が進んでおらずビジ
ネス機会が豊富に残っていることなどが，海外展開が進みにくい理由と考
えられる。インドネシアの Bank Mandiri がマレーシアから QAB に認定さ
れ，同国への本格進出を開始する模様であるが，これはまだ例外的な動き
といえよう[8]。

3-2．域内における出資の動向

域内各国の銀行に対し，域内（とくにシンガポール・マレーシア）やその
他のアジア（日本・中国・香港・台湾・韓国・オーストラリアなど）の銀行に
よる出資・買収が拡大している（**表 4 - 4**）。受け入れ国ごとの状況をみる

---

8) インドネシアの銀行に関する最近の報道でも，競争の激しい国際市場でビジネス
を行うには力不足であること，国内市場に成長余地があることなどから，多くの
銀行は国内業務に注力し，海外業務は現状維持の方針であるという。海外進出し
ている銀行は 7 行にとどまり，Bank Mandiri だけが海外業務の拡大に意欲を示
している。現在は，マニラ支店の開設に関心を示している（2018年10月22日付
ニュースネットアジア「銀行の海外支店開設は低調」による）。

表4-3　ASEAN諸国における外国銀行拠点の設立状況 [1]

		ブルネイ	カンボジア	インドネシア	ラオス	マレーシア	ミャンマー	フィリピン	シンガポール	タイ	ベトナム	支店・現地法人のある国数
グローバル	HSBC	×	事務所	現地法人	×	現地法人	×	支店	現地法人	支店	現地法人	6
	Standard Chartered	支店	事務所	支店	事務所	現地法人	事務所	支店	支店・現地法人	現地法人	現地法人	7
	Citibank	×	×	支店	×	現地法人	×	支店	支店・現地法人	支店	支店	6
中国	Bank of China	香港法人の支店	支店	支店	支店	現地法人	事務所	支店	支店	現地法人	支店	9
	ICBC	×	支店	現地法人	支店	現地法人	支店	×	支店	現地法人	支店	8
	China Construction Bank	×	×	現地法人	×	現地法人	×	×	支店	×	支店	4
日本	三菱東京UFJ	×	事務所	現地法人	×	現地法人	支店	支店	支店	現地法人	支店	7
	みずほ	×	出張所[2]	現地法人	×	現地法人	支店	支店	支店	支店	支店	7
	三井住友	×	事務所	現地法人	×	現地法人	支店	支店	支店・現地法人	支店	支店	7
インドネシア	Bank Mandiri	×	×		×	送金事務所	×	×	支店	×	×	1
	Bank Rakyat Indonesia	×	×		×	×	×	×	事務所	×	支店	1
	Bank Central Asia	×	×		×	×	×	×	×	×	×	0
マレーシア	Maybank	支店	現地法人	現地法人	支店		支店	現地法人	支店	現地法人[3]	支店	9
	CIMB	支店[4]	現地法人	現地法人	タイ法人の支店		事務所	×	支店	現地法人	現地法人	7
	Public Bank	×	現地法人	×	支店		×	×	×	×	現地法人	3
フィリピン	BDO Unibank	×	×	×	×	×	×		事務所	×	×	0
	Metrobank	×	×	×	×	×	×		×	×	×	0
	Bank of the Philippine Islands	×	×	×	×	×	事務所		×	×	×	0
シンガポール	DBS	×	×	現地法人	×	支店	事務所	事務所		事務所	支店	3
	OCBC	×	現地法人	現地法人	×	現地法人	×	×		支店	支店	5
	UOB	支店	×	現地法人	×	現地法人	支店	支店		現地法人	支店	7
タイ	Bangkok Bank	×	支店	支店	支店	現地法人	支店	支店	支店		支店	8
	Siam Commercial Bank	×	現地法人	×	支店	×	事務所	×	支店		支店	4
	Kasikorn Bank	×	事務所	現地法人	現地法人	×	事務所	×	×		事務所	2

（出所）各行ウェブサイト（2018年12月6日〜7日アクセス）または2017年度年報。
（注）1）グループ会社の拠点は含めていない。
　　　2）バンコク支店の出張所。
　　　3）Maybank Kim Eng Securities の現地法人。
　　　4）CIMB Investment Bank の支店。

と，インドネシアでは約120行の商業銀行のうち約40行に外国銀行が出資し，上位15行のうち10行が外資系となっている[9]。カンボジアでも，外国銀行のプレゼンスが大きい[10]。タイでは，2007年の自由化以降，出資が増えており，2009年にマレーシアのCIMBがBankThai（商業銀行第9位）に93％出資したほか，2010年にはUOB，ICBC，Standard Chartered Bankなども90％を超える出資を行っている。2013年には，三菱東京UFJ銀行（当時）が国内第6位（2012年末時点）のBank of Ayudhyaに72％の出資を行った。出資額1706億バーツ（56億ドル）は，タイの銀行の買収額としては史上最大であった。ベトナムでは，約40行の銀行のうち10行に外国銀行が出資しており，日本のメガ3行に加えてUOBやMaybankが戦略投資家となっている。

3-3．邦銀のアジア向けビジネスの拡大状況

前述の通り，邦銀は域外の銀行の中でもASEAN地域への進出意欲が強いことから，その動向を概観しておきたい。1997年の通貨危機の1～2年前から，邦銀のアジア向け融資は急速に減少した。2000年代半ば以降，日本国内で業績が回復し始めるとともにアジア向けビジネスは緩やかに回復したが，本格的に伸びたのはリーマン・ショック以降である。アジアの高成長や安倍政権の成長戦略におけるアジア重視が背景となった。

ビジネスの内容も，従来は日系企業との取引が中心であったが，次第に現地の大企業の比率が高まり，最近では現地の中小企業や個人が視野に入ってきている。しかし，中小企業や個人との取引を広げることは，相手の信用リスクが高いことや現地での邦銀の知名度の高さが求められることなどから，容易ではない。そのため，現地の金融機関との提携や出資・買収が不可欠となっている。以下，主要な邦銀のアジア向けビジネスについてみる。

---

9) 以下の記述は，AMRO（2015）を参照した。
10) AMRO（2015，45）の表によると，カンボジアで外国銀行の資産が銀行総資産に占める比率は，2013年に52％となっている。

表4-4 ASEAN諸国の国内銀行に対する外国銀行の出資・買収事例

	国内銀行名	出資・買収銀行名
インドネシア	Bank CIMB Niaga	CIMB Group Sdn Bhd, Malaysia（96.92%）
	Bank International Indonesia（BII）	Maybank, Malaysia（97.4%）
	Bank OCBC-NISP	OCBC, Singapore（75%）
	Bank UOB Indonesia	UOB, Singapore（99%）
	Halim International	ICBC, China（90%）
	PT Bank Tabungan Pensiunan Nasional	SMBC, Japan（40%）
マレーシア	AMMB Holdings	ANZ, Australia（23.8%）
	Affin Holdings	Bank of East Asia, Hong Kong（23.5%）
タイ	BankThai / CIMB Thai Bank	CIMB Group Sdn Bhd, Malaysia（〜93%）
	ACL Bank / ICBC（Thai）	ICBC, China（97.24%）
	Nakornthon Bank / Standard Chartered Bank（Thai）	Standared Chartered, England（99.87%）
	Bank of Asia / UOB（Thai）	UOB, Singapore（99.66%）
	Bank of Ayudhya	BTMU, Japan（72.01%）
カンボジア	SCB Bank / CUB（Cambodia）	Cathay United Bank Ltd., Taiwan（100%）
	OSK Indochina Bank / RHB Indochina Bank	RHB Capital Group, Malaysia（100%）
	ACLEDA Bank	SMBC, Japan（12.25%）
ベトナム	VietComBank	Mizuho, Japan（15%）
	VietInBank	BTMU, Japan（19.73%）, IFC（8.03%）
	EximBank	SMBC, Japan（15%）
	TechComBank	HSBC, U.K.（19.41%）
	AnBinhBank	Maybank, Malaysia（20.04%）
	PhuongNamBank	UOB, Singapore（20%）

（出所）AMRO（2015, 15）.

（1）三井住友銀行

　三井住友銀行は「ジャパン・セントリック」から「アジア・セントリック」への転換を掲げ，アジアにおける取組み強化を打ち出している。2018年3月現在，海外融資残高に占めるアジア向けの比率は26.5％である（表4-5）。おもなアジア戦略として，①既存ビジネスの強化，②中堅企業取引への参入，③トランザクション・バンキング業務（貿易を中心とした企業の商取引に関わる資金決済や，企業内・グループ内の資金管理に対するサービス）の強化，④マルチフランチャイズ戦略や国別戦略の推進，⑤事業基盤の強化（経営体制など）があげられる。

　このうちマルチフランチャイズ戦略とは，各国の金融機関に対する出資・買収によって事業を多角化する戦略を意味する。具体的には，インドネシアのPT Bank Tabungan Pensiunan Nasional Tbk（BTPN, 40％出資），ベトナムのVietnam Export Import Commercial Joint Stock Bank（EXIM Bank, 15％出資），カンボジアのACLEDA Bank（12.25％出資），香港のBank of East Asia（東亜銀行, 17.42％出資）などに出資を行い，関係を強化している。インドネシアとベトナムは人口構成が域内でも相対的に若く，今後，中間層の大幅な拡大が見込まれることなどから，とくに重要な市場とみなされている。2019年2月には，三井住友銀行のインドネシア現地法

表4-5　各フィナンシャル・グループの海外融資残高の地域別内訳
（単位：10億円，％）

	三菱UFJ	みずほ	三井住友
アジア	25.5	31.1	26.5
オセアニア	7.6		8.3
北米	30.0	25.3	34.5
中南米	12.5	17.4	7.4
西欧		13.9	14.3
東欧	24.4	0.8	1.0
その他		11.5	8.0
合計（金額）	29,628	22,253	20,631

（出所）　各社決算情報。
（注）　2018年3月末時点。

人とBTPNの合併が実現した。BTPNの個人取引のノウハウを吸収することがおもな目的であり，これによりBTPNは総資産16位から10位に浮上した。また，規模の拡大により1社当たり融資額も増やせることになる。BTPNは公務員等の年金を取り扱っており，受給者向けの融資や事業性個人融資などに強みをもっている。

　三井住友銀行は，ASEAN以外にも中国・香港・韓国・モンゴル・インド・オーストラリアに拠点を展開している。ASEANでの最近の拠点開設としては，ヤンゴン支店（2015年4月），マニラ支店（2015年9月）がある。

（2）三菱UFJ銀行

　三菱UFJ銀行も，現地金融機関に対する出資・買収攻勢を強めている。2013年にタイのBank of Ayudhayaを子会社化したほか，ベトナムのVietinBank（2013年），フィリピンのSecurity Bank（2016年），インドネシアのBank Danamon（2017年）と資本・業務提携を実施している。

　海外戦略の基本方針として，ASEANを第2のマザーマーケットと位置づけ，同地域の経済成長を三菱UFJ銀行の成長に取り込むとしている。すでに，ASEANにおいて外国銀行としては最大の支店網を有している。一方，世界全体では，米国とASEANにおいてリテール業務および中堅・中小企業関連業務に注力する方針を掲げている。

　タイのBank of Ayudhayaに対しては，76.8％の出資を行っている。また，インドネシアのBank Danamonは国内で収益第5位の銀行（総資産130億米ドル，1956年設立）であり，これにも段階的に出資比率を高め，最終的に73.8％以上とする方針である。Bank Danamonは国内に1395の支店を有し，中小企業金融，自動車ローン，住宅ローンなどの分野に強みをもっており，デジタル・チャネルの活用にも積極的に取り組んでいる。これらの点が，三菱UFJ銀行の強みと補完性を有すると判断されている。一方，業容拡大を目指すBank Danamonにも，1600社を超えるインドネシアの日系企業との取引拡大や，海外でのサービス提供（Bank Danamonには海外支店がない）というメリットがあり，重要な提携となる。

（3）みずほ銀行

　みずほ銀行はベトナムのVietcombankに15％出資（2011年9月）している以外は出資等を行っていないが，アジア・オセアニア向け融資が海外融資残高に占める比率は2018年3月末に31.1％であり，地域別では最大となっている。近年は貸出業務に加え，トランザクション・バンキング業務や大型の協調融資組成業務などを強化している。

第4節　シンガポールの銀行の動向

4‐1．銀行部門の概要

（1）銀行部門の特徴

　本節では，域内の銀行の海外進出状況を検討するため，シンガポールの事例をみる。以下の記述は，主に国内主要3行（DBS Bank: DBS, United Overseas Bank: UOB, Overseas Chinese Banking Corporation: OCBC）の年次報告書（2017年度版）に基づいている。

　まず，シンガポールでは金融機関のなかで，商業銀行が圧倒的に大きな比重を占める。2018年9月現在の総資産は，商業銀行の2兆5894億シンガポールドル（以下，ドルとのみ表示した場合もとくに断らない限りシンガポールドルを指す）に対し，ファイナンス・カンパニーは172億ドル，マーチャント・バンクは823億ドルに過ぎない。また，商業銀行のうち国内銀行は9714億ドルと，全体の37.5％を占める。

　銀行数に関しては，**表4‐6**のとおり外国銀行が圧倒的に多い。シンガポールの銀行（フルバンク）は，証券業務を兼営できるユニバーサル・バンクである。一方，外国銀行の認可形態についてみると「オフショア銀行」は，主にオフショア業務のみを行う。また「ホールセール銀行」は，現地通貨建てのリテール業務を行うことができない。これに対し「適格フルバンク」の認可を得ると，設置できる拠点数などについて優遇をうけることができる。

　1997年の通貨危機以降，シンガポールでは競争促進策がとられている。

表4-6　シンガポールの商業銀行の種類別行数

商業銀行	国内銀行	フルバンク	4
	外国銀行	適格フルバンク	10
		フルバンク	20
		ホールセールバンク	97
		合計	131

（出所）　MASウェブサイト。
（注）　2018年11月23日にアクセス。

1999年7月に外資出資比率上限（40％）が撤廃され，外国銀行は「オフショア銀行」から次第に「ホールセール銀行」に転換し，「オフショア銀行」は2018年に消滅した。一方，国内銀行は3行に統合され，その競争力は大幅に高まった。その後のシンガポールの商業銀行部門は，この3銀行の相互の競争によって発展していく。3行の2017年末の概要は，**表4-7**に示した通りである。シンガポールの金融管理局（Monetary Authority of Singapore: MAS）は，国内のシステミックに重要な銀行として，国内3行のほか，Citibank，Standard Chartered Bank，HSBC，Maybankを指定している（ゆうちょ財団　2018, 50）。

The Banker（2018年4月号）によるASEANの銀行ランキング（2016年末のティア1資本による）では，1位DBS，2位OCBC，3位UOBとなっている。また，同誌2018年7月号の世界ランキング（2017年末の同基準による）では，DBSが55位，UOBが71位，OCBCが78位となっている。DBSより大きな邦銀は，三菱UFJ（9位），三井住友（14位），みずほ（16位）の各フィナンシャルグループと農林中央金庫（28位）しかない。

（2）銀行業務の特徴

国内業務は，貸出を中心に大手3行による寡占状態となっている。3行は貿易金融，海外融資，キャッシュ・マネジメント業務などにも力を入れており，海外業務の比重は高い。また，国内で所得水準が向上していることに加えて銀行取引の秘密が守られていることもあり，富裕層ビジネス，ひいては投資銀行業務が急拡大している。さらに，中小企業の資金調達

表4-7　3大銀行グループの概要（2017年末）

（単位：100万シンガポールドル,%）

	DBS Goup	OCBC Group	UOB Group
設立年	1968年	1932年	1935年
総資産	517,711	454,938	358,592
うち銀行	460,532	269,856	296,915
総所得	11,924	9,636	8,851
税引後利益	4,371	4,250	3,390
純金利マージン	1.75	—	—
コスト/所得	43.0	41.9	45.5
ROA	0.89	1.14	0.98
ROE	9.7	11.2	10.2
貸出預金比率	86.5	—	85.1
不良債権比率	1.7	—	1.8
自己資本比率（総資本）	15.9	17.2	18.7
従業員数	24,000人以上	29,000人以上	25,137人
取引企業数	200,000社以上	—	
個人顧客数	880万人以上	900万人以上	—

（出所）　各社年報。

ニーズにきめ細かく応えていることも特徴的である。

　富裕層ビジネス（以下ではWM（Wealth Management）とも表記）関連では，積極的な買収戦略が展開されている。DBSは，2014年にSociete Generale のWM部門を買収した。2016年10月には，オーストラリアのANZ銀行より，シンガポール・インドネシア・香港・中国・台湾のWM部門およびリテール部門を買収することを発表した。同行はかつてBank Danamon の買収に失敗しているが，ANZ銀行に対する買収はこうした参入規制に対抗する動きともいえる（ANZ銀行のインドネシアにおける顧客数は50万人近かった）。

　一方，OCBCは2016年4月に英バークレイズ銀行の香港・シンガポール

におけるWM部門の買収を発表し，同年11月末に完了した。2017年には，National Australia BankのWM部門を買収している。UOBは出遅れ気味であるが，今後，買収を行う可能性もあろう。

（3）フィンテックの拡大

シンガポールは，ASEANにおけるフィンテック拡大の先頭に立っている。各国のフィンテック企業数は，シンガポール490社，インドネシア262社，マレーシア196社，タイ128社，フィリピン115社，ベトナム77社となっている（Ernst & Young 2018）（2017年12月9日現在）[11]。シンガポールのフィンテック企業のおもな分野は，富裕層ビジネス・融資・決済となっている。シンガポールは「アジアのフィンテックのホットスポット」であるとされている。なお，企業数でみた上位5分野は，投資・資産運用，決済，ブロックチェーン・暗号通貨，インシュアテック，融資となっている（Fintech Singaporeのウェブサイト）。

シンガポールでは従来型の金融サービスが高度に発達しているが，そうしたなかで近年，政府はフィンテックの推進に積極的に取り組んでいる。2014年8月，リー・シェンロン首相は建国記念日の施政方針演説においてICT等のテクノロジーを最大限に活用する「スマート国家」構想を掲げた。これを受け，MASは2015年6月，「スマート金融センターの創設」を打ち出した。同年8月には内部の専門部署としてフィンテック・イノベーション・グループを設置し，その下に「決済・技術ソリューションオフィス」，「技術インフラオフィス」，「技術革新ラボ（研究所）」を設けた。また，2016年11月以降，毎年11月に大規模なフィンテック・フェスティバル（見本市）を開催している。さらに，2016年11月には，規制サンドボックスに関するガイドラインを公表した[12]。

11）同資料において，フィンテック企業とは「革新的なビジネスモデルと技術を結合し，金融サービスを創出・強化・提供する企業」であると定義されている（Ernst & Young 2018, 3）。

12）MASは，より多くのフィンテックを実験することにより，有望なイノベーションが市場でテストされ，シンガポール内外で幅広く採用されるチャンスが広がると考えている。この目的のため，金融機関など関心のある企業は規制サンドボッ

３大銀行もフィンテックの促進に注力しており，アクセラレータ機能の構築によるフィンテック企業の支援やこれらの企業との提携，行内でのテクノロジー開発など，多様な取組みを行っている。

4‐2．DBS Group

（1）概要と国内業務

　DBS Bankの前身となるDevelopment Bank of Singaporeは，1968年に政府系の投資銀行として設立された。1998年にはPost Office Savings Bank（POSB）を買収し，そのブランドも取得した。国内拠点数は2500に及ぶ。

　DBSは，国内外であらゆる商業銀行業務を展開している。国内では多くの大企業や政府系企業を顧客とし，収益を上げている。また，POS銀行の買収により，消費者ビジネスにも強みをもっている。これを反映して預金残高はシンガポール最大であり，資金調達コストが低く抑えられている。総収入の業務別構成は**表4‐8**の通りである。

　一方，DBSはASEANで最大の銀行であり，アジア地域の成長を牽引することを目標としている。ネットワークと技術力で国内指向の銀行を凌駕する一方，アジアに対する深い理解によってグローバルな金融機関に劣ることもないとしている。2017年には*Euromoney*誌からアジアで最良のデジタル・バンクに選ばれたほか，*Global Finance*誌からアジアで最も安全な銀行として2009〜2018年にかけて10年連続で表彰されるなど，数多くの賞を受賞している。

　業務戦略は，アジアのメガトレンドに基礎をおいている。すなわち，中間層の拡大，域内貿易の増加，都市化，新たなイノベーションを生み出すテクノロジーの急速な広がりなどに適切に対応することを目指している。

　　　クスへの参加に応募し，採用されれば革新的な金融サービスを実際の経済環境の中で，しかし範囲と期間を明確に限定して実験できる。規制サンドボックスは，実験が失敗してもその影響が抑制され，金融システム全体の安全性・健全性が維持される適切なセーフガードを含んでいる。

表4-8　3大銀行グループの総収入の業務別構成（2017年）

（単位：100万シンガポールドル,％）

	DBS Group		OCBC Group		UOB Group	
個人	4,671	39.2	3,210	33.3	3,988	45.1
リテール	2,564	21.5	－	－	－	－
富裕層	2,107	17.7	－	－	－	－
企業	5,275	44.2	3,033	31.5	3,561	40.2
大企業	3,561	29.9	－	－	－	－
中小企業	1,714	14.4	－	－	－	－
市場関連	856	7.2	754	7.8	486	5.5
その他	1,122	9.4	2,638	27.4	816	9.2
合計	11,924	100.0	9,636	100.0	8,851	100.0

（出所）　各社年報。
（注）　OCBCのその他には，OCBC Wing Hang，Insuranceの2項目も含まれており，他の2行との単純な比較はできないと思われる。

また，海外では，デジタル技術を活用して個人や中小企業へのサービス提供を開始している。

　デジタル化は極めて重要な課題であり，テクノロジー関連業務の内生化を図るほか（現状，その85％を社内で行う），銀行としては世界最大のAPIプラットフォームを構築するなど，テクノロジー対応を強化している。また，業務範囲の拡大にも注力しており，事例としてオンラインの自動車売買市場であるDBS Car Marketplaceの創設があげられる。

（2）海外展開

　DBSは，18の市場に280を超える支店網を有する。アジアでは中華圏・東南アジア・南アジアに拠点を展開し，とくに注力すべき市場として，シンガポールのほか中国・香港・台湾・インドネシア・インドをあげている。**表4-9**で税引前利益の国・地域別構成をみると，シンガポール国内が69.7％と3行のなかで最も高く，国内での競争力の強さが反映されてい

表4-9　3大銀行グループの税引前利益の国・地域別構成（2017年）

（単位：100万シンガポールドル,%）

DBS Group			OCBC Group			UOB Group		
シンガポール	3,606	69.7	シンガポール	2,878	55.2	シンガポール	2,491	59.2
香港	1,185	22.9						
その他の中華圏	92	1.8	中華圏	978	18.8	中華圏	419	10.0
東南・南アジア	55	1.1	マレーシア	705	13.5	マレーシア	581	13.8
						タイ	218	5.2
			インドネシア	449	8.6	インドネシア	29	0.7
			その他のアジア	119	2.3			
その他	237	4.6	その他	87	1.7	その他	469	11.1
合計	5,175	100.0	合計	5,216	100.0	合計	4,207	100.0

（出所）　各社年報。

る。一方，海外では香港を中心に中華圏の比率が24.7％と３行のなかで最も高く，東南アジアと南アジアは合わせて1.1％にとどまる。

　進出状況を国別にみると，中華圏ではフランチャイズである香港に50支店を置く。中国では2007年に現地法人を設立し，10の主要都市に29支店を置く。台湾では2012年に現地法人を設立し，43支店を有する。

　インドでは，12都市に12支店を展開する。インドネシアでは現地法人を設立し，11都市に39の支店を置く。その他のASEANでは，マレーシア・ミャンマー・フィリピン・タイに駐在員事務所（マレーシアにはラブアン支店あり）があるほか，ベトナムにホーチミン支店とハノイ駐在員事務所がある。総じて，ASEAN展開では他の２行に遅れている感が否めない。

　2017年の域内進出状況を2007年と比較すると（**表４-10**），DBSは2010年11月，ベトナムの経済改革の進展と成長の可能性にかんがみ，ホーチミンに支店を開設している。

　また，2016年４月には，インドでデジバンクを立ち上げた。これはモバイル機器を核とした銀行サービスであり，支店も書類もサインも必要としない。口座の開設は，生体認証技術の活用により容易に行うことができる。これにより，DBSはインドにおいて新たに180万人の個人顧客獲得に

表4-10　ASEAN諸国におけるシンガポールの海外銀行拠点の設立状況

		ブルネイ	カンボジア	インドネシア	ラオス	マレーシア	ミャンマー	フィリピン	タイ	ベトナム	支店・現地法人のある国数
	DBS	×	×	現地法人	×	支店	事務所	事務所	事務所	支店	3
2017年	OCBC	×	×	現地法人	×	現地法人	支店	×	支店	支店	5
	UOB	支店	×	現地法人	×	現地法人	支店	支店	現地法人	支店	7
	DBS	×	×	現地法人	×	支店	事務所	事務所	事務所	×	2
2007年	OCBC	支店	×	現地法人	×	現地法人	事務所	×	支店	支店	5
	UOB	支店	×	現地法人	×	現地法人	事務所	現地法人	現地法人	支店	6

（出所）　各行ウェブサイト（2018年12月6日〜7日アクセス）または2017年度・2007年度年報。
（注）　グループ会社の拠点は含めていない。網掛け部分は，2007年以降に変化があった部分。

成功した。さらに，2017年8月にはインドネシアでも同様のサービスを正式に導入した。顧客は，AI技術を活用したバーチャル・アシスタントの利用などにより，いつでもどこでも銀行取引を行うことが可能となっている[13]。

　海外でのフィンテック・サービスの活用は，他の2行にもみられる。もちろん，これはシンガポールの銀行に限らない。こうした動きにより，後発ASEAN諸国で金融包摂が改善するとともに，従来とは異なる形で域内銀行統合が進展する可能性が高いと考えられる。

4-3．OCBC Group

（1）概要と国内業務

OCBC Bank（Oversea-Chinese Banking Corporation）は，1932年に3つの銀行（Chinese Commercial Bank（1912年設立），Ho Hong Bank（1917年設立），Oversea-Chinese Bank（1919年設立））が統合して設立された，シンガポールで最も古く，総資産規模で国内第2位の金融グループである。商業銀行単体では，UOBに次いで第3位となっている。

13）インドネシアでは国民の91％が携帯電話を，47％がスマートフォンを保有している。また，同国におけるインターネット・バンキングの取引件数は，2012年の1億5080万件から2016年には4億660万件に増加した。

コア・ビジネスと位置付けるのは，商業銀行業務，富裕層ビジネス，保険業務である。富裕層ビジネスに関しては，前述の買収戦略を展開するほか，2010年1月にBank of Singaporeを設立し，最富裕層を対象としたビジネスを行う専業銀行と位置付けている。また，保険業務は，子会社であるGreat Eastern Holdings（シンガポール・マレーシアにおいて最も古い保険会社）が担当する。保険業務は急速に拡大しており，同社の2017年の純利益は前年比96％増の11.6億シンガポールドルとなった。

国内ではDBSの力が強く，OCBCやUOBの顧客には中小企業が多い。OCBCは中小企業金融分野で評価が高く，*Euromoney*誌から2年連続で「中小企業にとってのアジアの最優良銀行」を受賞しており，また，マレーシアやインドネシアでも中小企業にとっての優良銀行として表彰されている。

フィンテックにも注力しており，2016年2月にはOpen Vault at OCBCというフィンテック・イノベーション・ユニットを設立した。これはフィンテック企業とOCBCの行員が協働する場所であり，WM業務，融資，保険，サイバーセキュリティ，AIなどの分野で新たなソリューションを生み出すことを目指している。

なお，同行は，業務上の課題として，優良企業とのビジネスの獲得を巡る銀行間の競争，フィンテック企業との競争，提供するサービスに対する顧客の期待度の上昇，アジアの経済成長率の低下，コンプライアンス業務の負担増，サイバーリスクへの対応などをあげている。

（2）海外展開

表4-9の通り，OCBCは最も国内比率が低く，中華圏（香港・マカオ・台湾および中国本土）と東南アジアの双方に業務を拡大している。ASEANでは，10カ国中8カ国に進出している。

世界18カ国・地域に570を超える支店・駐在員事務所を置いているが，主要な市場とするのはシンガポール・マレーシア・インドネシア・中華圏である。シンガポールに51店舗，マレーシアに現地法人のもとで45店舗を有し，インドネシアでは現地法人（OCBC NISP）が320以上の支店・事務

所を構える。また，香港では2014年にWing Hang Bankを買収し，OCBC Wing Hangの下，香港とマカオに100を超える支店・事務所を展開している。中国本土にはOCBC Wing Hangの100％子会社であるOCBC Wing Hang Chinaを設立しているほか，OCBCは2006年から寧波銀行と出資による提携を結んでいる。

　各市場における目標は，以下の通りである。シンガポールでは，市場の支配的なポジションを目指す。マレーシアでは，イスラム金融も含めた業務展開により外国銀行のトップとなる。インドネシアでは，10位以内の国内銀行となる。中華圏では，クロスボーダー業務（貿易・資本フロー関連等）に注力してプレゼンスを高める。

　マレーシアでは，過去数十年間にわたり，資産・ネットワーク等に関して外国銀行で最大級の現地法人を運営している。また，その子会社としてOCBC Al-Aminを置き，フル・レンジのイスラム銀行サービスを提供している。同国では，中小企業金融に加えて国際プロジェクト・ファイナンス業務でも高い評価を受けている。

　インドネシアでは，現地の銀行であるBank NISPへの出資によりOCBC NISPを設立したほか，国内証券会社を買収してOCBC Sekuritasとし，これらの銀行と証券会社を通じて個人・企業に対する広範囲の銀行・証券サービスを提供している。2017年5月には，OCBC NISPのもとで富裕層向けサービスを開始した。

　さらに，ミャンマーでもフル・バンキング・ライセンスを取得し，貿易金融やプロジェクト・ファイナンス関連業務に注力している。

　3行のなかでも，インドネシアにおけるビジネスの拡大は最も成功しているといえよう。今後に関しては，一帯一路構想のもとで域内のインフラ整備が進み，関連のビジネスが拡大することにも期待を示している。

　なお，過去10年間の動きとしては（**表4-10**），2014年10月にミャンマー政府が営業免許を付与した銀行9行のうちの1行に選ばれて支店を開設したほか，インドネシアにおけるコミットメントを継続的に強化している。2008年にBank NISPをBank OCBC NISPに改称し，さらに2011年には自身の現地法人であるBank OCBC Indonesiaを同行に合併させている。

4-4. UOB Group

(1) 概要と国内業務

UOB（United Overseas Bank）は，1935年，世界恐慌直後にUnited Chinese Bankという名称で華僑系の銀行として誕生し，1965年に現在の名称に変更された。創設以来，着実に事業を拡大し，現在，銀行単体ではOCBCを抜いて国内第2位となっている。

同行も国内では中小企業金融やリテール分野に注力しており，個人向け業務の比率はDBSよりも高い（**表4-8**参照）。長期的な価値の創出にこだわり，世界で多岐にわたるサービスを提供している。子会社を通じ，資産運用，ベンチャー・ファイナンス，保険なども行っている。近年はカード，資産運用，富裕層ビジネスなどが好調となり，手数料収入が拡大している。

業務戦略としては，以下の点を重視する。第1に，消費者の金融サービスに対するニーズを満たすことである。第2に，域内の企業の成長を支援することである。同行の強固な域内ネットワークや域内経済に対する深い理解を通じて，企業が域内におけるビジネス・投資の機会を生かすことを目指すとしている。第3に，フィンテックの活用により，消費者や企業に革新的なソリューションをもたらすことである。

フィンテックへの取組みとしては，FinLabというイノベーション・アクセラレータを有し，スタートアップ企業を育成している。関連会社であるUOBベンチャーマネジメントや提携先から資金を提供し，あらゆる成長段階の企業を支援するとしている。

また，2015年にUOB Mightyと呼ばれるモバイル・アプリケーションを導入し，3年連続で*Retail Banker International*誌から表彰を受けている。2017年7月には，PayNow[14]と呼ばれる決済サービスをUOB Mightyに組

14）2017年7月にシンガポール銀行協会が主導して導入したキャッシュレス決済で，携帯電話番号や国民登録番号カード（NRIC）番号を用いて紐付けられた銀行口座に送金できる仕組み。参加するのは3大銀行のほか，中国銀行，Citibank，HSBC，ICBC，Maybank，Standard Charterd Bankの計9行。

み込んだ。また，スタートアップ企業と提携し，PayNowをソーシャル・メディア・メッセージング・サービスに組み込むことを可能にした。

　中小企業のキャッシュフロー管理の透明性を高める取組みも行っている。UOB BizSmartは中小企業の多様なビジネス活動を支援するソリューションであり，1300社以上の企業に導入されている。

（2）海外展開

　UOBは，世界19カ国・地域に500以上の支店・事務所を有する。アジアでは，現地法人が中国・インドネシア・マレーシア・タイにある。支店・事務所数をアジアについてみると，中国22，日本2，韓国2，台湾3，香港3，オーストラリア4，ブルネイ2，インドネシア180，マレーシア48，フィリピン1，シンガポール69，タイ154，ベトナム1，ミャンマー2，インド2となっている。

　国内市場は競争が厳しく，とくに大企業や政府系企業とのビジネスではDBSが大きな力をもっている。こうした国内業務の難しさもあり，UOBはアジアの銀行になることを目指して域内にネットワークを拡大しており，3行の中でASEAN重視の姿勢を最も強調しているといえる。**表4-9**の通り，海外比率はOCBCよりも低いが，これは中華圏の比率が低いためであり，東南アジアではマレーシアとタイを中心に注力している。

　従業員の96％がローカルであり，統合された地域のネットワークとグローバルなプレゼンスを通じ，域内でビジネスを行う顧客を結びつけるなど，クロスボーダーのニーズに応えることを目指している。一帯一路構想やAECなどの多国間の取組みにより，貿易・投資・統合がアジアの成長のドライバーになると考えている。

　マレーシアでUOBは最も力のある外国銀行のひとつであり，48の店舗と5000人のスタッフを有する。シンガポールとマレーシアは，UOBのコア市場である。そのほか，中華圏・インドネシア・タイなどでプレゼンスを高めている。ミャンマーでも，2015年5月にヤンゴン支店を開設した。

　2017年9月には，ベトナムにおいて銀行子会社設立の認可を受けた。これは，シンガポールの銀行では初めてである。ベトナム企業の国内外にお

ける活動を支えるとともに，同国に向かう投資を仲介する。顧客である企業（主に中小企業）は，UOBベトナムのウェブサイトまたは企業用のUOBビジネスと呼ばれるモバイル・アプリケーションを通じて預金や融資の申し込みを行うことができる。

　一方，中華圏では，一帯一路構想に参加する中国南西部の企業を支援するため，2017年11月に昆明支店を開設した。

　UOBは，東南アジアのリーディング・バンクの地位を確保するため，投資の継続が重要であるとしている。イノベーションへの投資も不可欠であり，UOB Mightyをマレーシア・タイ・ベトナムなどにも拡大している。

　海外ビジネスを支えるため，UOBは2011年に海外直接投資助言ユニットを設立し，域内進出を検討する外国企業に法律・会計関連の助言などを行うワンストップサービスを提供している。各国の政府機関，企業団体，専門的なサービスを提供する企業などと提携し，シンガポールを含む9カ国にFDI Centerを設立して対応している。2017年6月には中国の企業団体であるChina Chamber of International Commerceと覚書を結ぶなど，各国政府機関・企業との関係構築を推進している。UOBが一帯一路構想に基づく中国企業のASEAN進出を支援すると同時に，中国側は中国に進出するASEAN企業を支援する。過去6年間で，海外直接投資助言サービスを1600社以上に提供し，関連の資本フローは900億ドル近くになっている。

　なお，過去10年間の動きとしては（**表4-10**），前述の通り，営業免許を付与された最初の9行のうちの1行として，OCBCと同様にミャンマーに支店を開設した。また，フィリピンでは，2012年に現地法人であるUOB Philippines（貯蓄銀行）への出資比率を60％から100％に引き上げ，さらに2016年1月には，フィリピン政府の自由化プログラムの一環で商業銀行業務を営む支店を開設している。

おわりに

　ASEAN地域では域内金融統合が政策的に推進されており，ABIFの枠組みのもとでQABsを相互認証するプロセスが進行している。しかし，これがどの程度実効性をともなうものとなるかは不透明である。域内の発展度格差を解消するための相対的な後発国の金融インフラ整備は容易には進まないことが懸念され，また，銀行規制の調和はさらに難しいと考えられる。各国銀行間の競争力格差もなかなか縮まらないであろう。

　リーマン・ショック以降，アジアの銀行が域内で活動を拡大させているが，そのおもな担い手は域内主要国（日本・中国・香港・台湾・韓国・オーストラリアなど）の銀行であり，ASEANではシンガポール・マレーシア・タイの上位行に限られる。その他のASEANの国々の銀行が域内に活動を広げていくようになるまでには，かなり時間がかかるように思われる。

　一方，AECの創設にともなってASEANの企業が域内でビジネスを拡大しており，域内貿易・投資の拡大が見込まれることから，ASEANの一部の銀行による域内での拠点開設や各国の銀行に対する出資・買収は一段と活発化しよう。シンガポールの銀行の積極的な海外事業展開は，本章でみた通りである。ただし，ASEANの銀行の進出先は域内のみではないため，今後の域内統合の進展は実体経済統合の動向に依存することになろう。

　域内では，金融包摂の水準が低い一方で成長の余地が大きいフィリピン・インドネシア・後発ASEAN諸国がおもな進出先となる。これらの国ではリテール・ビジネスを中心に競争の激化が予想され，フィンテックの活用による金融包摂の進展や金融サービスの向上が期待される。本章でみたように，フィンテックの活用は今後の金融統合・包摂・安定のあり方に大きく影響すると考えられ，注目しておくことが不可欠である。

　また，後発ASEAN諸国の金融システムの拡大は急速であるため，健全性の維持が重要である。国ごとの金融発展度の格差が持続すれば，競争が激化するなかで金融安定が損なわれるリスクが大きい。また，健全性が維持されるとしても，外国銀行が支配的になるとすればその是非には議論の

余地があろう。少なくとも，相対的な後発国の金融システム整備を支援することは，ASEAN諸国のみならず日本にとっても重要な課題であるといえよう。

〔参考文献〕

〈日本語文献〉

赤羽裕 2016.「金融サービスと資本市場の統合」石川幸一・清水一史・助川成也編著『ASEAN経済共同体の創設と日本』文眞堂.

稲垣博史 2018.「シンガポールのFinTech振興」外国為替貿易研究会『国際金融』(1313): 30-35.

岩崎薫里 2018.「東南アジアで台頭するフィンテックと金融課題解決への期待」日本総合研究所調査部『環太平洋ビジネス情報RIM』18 (68): 1-35.

清水聡 2013.「進展するアジア金融統合と日本の戦略」日本総研調査部『環太平洋ビジネス情報RIM』13 (51): 61-96.

―――2015.「ASEAN金融統合の進展」全国銀行協会『金融』(820): 19-30.

―――2018.「ASEAN金融統合と銀行の動向――域内進出を重視するシンガポール・マレーシア・タイの銀行」三重野文晴編『東南アジアにおける商業銀行部門の変容と現状』調査研究報告書 アジア経済研究所.

ゆうちょ財団 2018.「シンガポール共和国」『郵便貯金等リテール金融分野に係る各国諸制度』8月28日.

〈外国語文献〉

AMRO (ASEAN+3 Macroeconomic Research Office) 2015. "Understanding Banking Supervisory Priorities and Capacities in ASEAN+3 Economies." AMRO Thematic Study No. 01/2014 Feb.

ASEAN Secretariat 2015. "ASEAN Economic Community Blueprint 2025," Nov.

Asian Development Bank 2013. *The Road to ASEAN Financial Integration*.

BIS 2014. "EME Banking Systems and Regional Financial Integration." CGFS Papers No.51. Mar.

Ernst & Young 2018. *ASEAN Fintech Census* 2018.

IMF 2017. "Myanmar：Selected Issues." IMF Country Report No.17/31 Feb.

第5章

インドネシア商業銀行の外資導入による変容

濱田 美紀

はじめに

インドネシアの商業銀行部門の構造は，1997年のアジア金融危機後の再編を経て大きく様変わりした。インドネシア経済は，2000年代終盤から政治的安定と国際商品価格の上昇を背景に回復基調となり，アジア金融危機以前のスハルト政権期の平均7％の経済成長には至らないまでも，5％程度の経済成長を続けている。一方，危機時に壊滅的であった商業銀行部門も再建等により健全性は回復し，安定した状態が続いている。しかしながら銀行を中心とした金融部門がGDPに占める割合は，近隣諸国と比べても依然として小さい状態にある。さらに，インドネシアの商業銀行部門のもっとも大きな変化は，アジア金融危機後の再建の過程で国有化され，その後売却された結果，主要な銀行のほとんどが外国資本となったことにある。そして外国銀行による買収は今も続いている。近年は経済が安定化してきたことを背景に，危機後の再編により銀行業界から撤退を余儀なくされた企業グループなどの地場資本が銀行業への再参入を試み始めるなど，新たな動きもみられる。さらに経済のデジタル化に向けてインドネシアの銀行部門は新たな変革の時期を迎えている。

　本章ではアジア金融危機の商業銀行部門の再編過程についてまとめ，特

に外国資本や外国銀行による買収などによる所有構成の変化に焦点を当てながら，商業銀行部門の変容を考察する。本章の構成は以下のとおりである。第1節ではインドネシアの金融部門の現状を概観し，順調に成長する経済に金融部門の発展が伴っていない様子を示す。第2節ではアジア金融危機後の銀行再建策をまとめ，第3節では上位銀行のほとんどが外国資本所有となっているだけでなく，中小規模銀行も外国銀行に買収されている様子を明らかにする。第4節では，個別の銀行の財務データを用いて商業銀行の財務状況や業績の推移を検証し，外国銀行がインドネシアに参入する背景を考察し，その影響や課題がどこにあるのかについて検討する。第5節は近年インドネシアが進めている経済のデジタル化と銀行部門への影響を概観し，最後に今後の課題を述べてまとめとする。

第1節　インドネシアの金融部門の現状

　図5-1は，1970年から2017年までの商業銀行の貸出残高と預金残高の対GDP比をプロットしている。貸出と預金の残高は，スハルト政権による開発政策によって経済が右肩上がりに成長するのと足並みをそろえて，1970年代からアジア金融危機の1997年まで対GDP比で45度線上に伸び，貸出と預金が釣り合いながら銀行部門が拡大していった様子がわかる。これはアジア金融危機によって一変する。金融危機によって毀損した銀行を再建するために，不良債権化した債権を銀行再建庁（IBRA）へ移管したことにより，1997年にはGDP比65.8％あった銀行貸出は，1999年には20.3％まで減少した。その後，貸出・預金とも減少を続けた。2002年に入り貸出は増加し始めたが，預金は2009年まで減少し続けている。2010年になり貸出・預金とも増加傾向に戻ったものの，2013年以降再び方向感を失った動きとなっている。2017年のGDPに占める預金・貸出の割合は1990年以前の水準であり，インドネシアの銀行部門は四半世紀前と同じ水準にとどまっている（Hamada 2014）。
　インドネシアの商業銀行は所有構造により国営銀行，地方開発銀行，民

図5-1　インドネシアの銀行部門の発展

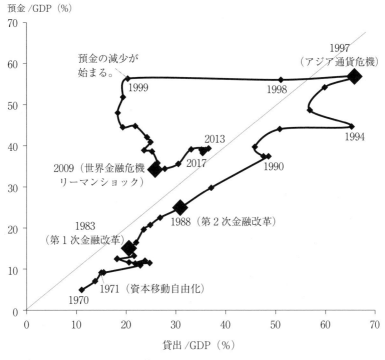

（出所）　Bank Indonesia資料より筆者作成。

間銀行，合弁銀行，外国銀行と大きく5つに分けられる（**表5-1**）。国営銀行は政府が60％以上を保有し，地方開発銀行は地方州政府が所有する。元来，民間銀行は地場資本が100％を所有しており，外国為替業務の取り扱いにより外国為替銀行（以下，外為銀行）と非外国為替銀行（以下，非外為銀行）の2種類に分類されていたが，現在は外国資本所有が多くなっている。合弁銀行は，地場資本および外国銀行によって共同で設立された銀行であり，外国銀行は海外の銀行の支店である。

　2017年12月時点で商業銀行は115行あり，国営銀行4行，地方開発銀行27行，民間銀行63行（外為銀行42行，非外為銀行21行），合弁銀行12行，外国銀行9行である。商業銀行の数について中央銀行は2010年までには銀行

表5-1　種類別の資産・銀行数（2017年）

	資産（兆ルピア）	資産割合（%）	銀行数	支店数
国営銀行	2,987	40.4	4	18,262
民間外為銀行	2,964	40.1	42	8,997
民間非外為銀行	88	1.2	21	508
地方開発銀行	605	8.2	27	4,130
合弁銀行	332	4.5	12	340
外国銀行（外国支店）	411	5.6	9	48
	7,387	100	115	32,285

（出所）　OJK, *Statistik Perbankan Indonesia*.

数を70〜80行に削減したいとしていた[1]。その数よりはまだ多いものの，金融危機以前の240行と比較すると徐々にではあるが減少している。

　この所有による分類とは別に，中央銀行は2012年に商業銀行を資本の額に応じて4つのカテゴリー（BUKU[2] 1〜4）に分類する規則を制定した。これは2016年に金融サービス庁によって改正され，この規則によって銀行は資本の額に応じたカテゴリーによって事業活動が規定されることになった。これは商業銀行，イスラム商業銀行，通常の銀行のイスラムユニットにも適用される。これに従い，現在銀行は以下のカテゴリーに分類される。BUKU 1は自己資本1兆ルピア以下，BUKU 2は自己資本1兆〜5兆ルピア，BUKU 3は自己資本5兆〜30兆ルピア，BUKU 4は自己資本30兆ルピア以上を保有する必要がある[3]。

　表5-2は銀行の種類別と自己資本別の銀行数の推移を示している。金融危機直後の1998年の銀行数は，国営銀行が4行，民間銀行が65行（うち外為銀行は34行，非外為銀行は31行），地方開発銀行は26行，合弁銀行16行，外国銀行10行，合計121行であった。自己資本の額による分類が導入された2012年時点では，規模の比較的大きい民間外為銀行が2行増加し，規模

---

1)　2006年9月26日付インドネシア・アンタラ通信。
2)　BUKUはインドネシア語で帳簿（book）を意味する。
3)　BUKU 1および2の最低自己資本額は2020年以降段階的に3兆ルピア以上に引き上げられる予定である。

表5-2　所有別および自己資本別銀行数の変化

銀行の種類	国営銀行	民間外為銀行	民間非外為銀行	地方開発銀行	合弁銀行	外国銀行	合計
1998年12月	4	34	31	26	16	10	121
2012年12月	4	36	30	26	14	10	120
BUKU1	0	1	10	0	0	0	11
BUKU2	0	17	17	14	6	3	57
BUKU3	0	7	2	11	8	3	31
BUKU4	4	11	1	1	0	4	21
2017年12月	4	42	21	27	12	9	115
BUKU1	0	0	4	0	0	0	4
BUKU2	0	11	16	9	2	1	39
BUKU3	0	15	1	14	8	5	43
BUKU4	4	16	0	4	2	3	29

（出所）　Bank Indonesia, *Statistik Perbankan Indonesia*, OJK.
（注）　BUKU1は自己資本1兆ルピア未満。BUKU2は同1兆ルピア以上5兆ルピア未満。BUKU3
　　　は同5兆ルピア以上30兆ルピア未満。BUKU4は同30兆ルピア以上。

の小さい民間非外為銀行は 1 行減少している。合弁銀行も 1 行減少してお
り，全体で 1 行減少した。2017年には，全銀行数は2012年から 5 行減少し，
115行となった。民間外為銀行が 6 行増加し42行となり，民間非外為銀行
は 9 行減の21行となった。地方開発銀行は 1 行増の27行，合弁銀行は 2 行
減の12行，外国銀行も 1 行減の 9 行となった。2012年から2017年の間の変
化をみると，どの銀行の種類でも自己資本が大きくなっていることがわか
る。自己資本 1 兆ルピア未満のBUKU 1 の銀行は2012年の11行から2017
年には 4 行へと減少し，BUKU 2 は57行から39行に減少，BUKU 3 は31行
から43行へ増加，自己資本30兆ルピア以上の銀行は21行から29行に増加し
ている。規模の小さい非外為銀行から外為銀行へのシフトが生じている。
　国際的にもバーゼル規制による自己資本規制などによる健全性の強化が
進む中で，このように自己資本別に銀行を管理することで，銀行の資本強
化を進め，さらには小規模な銀行の統合・合併による銀行数の減少を図る
ことが金融サービス庁の狙いであったといえる。しかしながら，BUKU 1
の規模の小さい非外為銀行の数は減少しているものの，統合や合併は監督

当局が思うほどには進んでいないのが現状といえる。

　次に，銀行貸出の状況をみてみる。図5−2は2002年，2010年，2017年の産業別にみた貸出残高の割合と不良債権比率（2010年，2017年のみ[4]）を示している。産業別では製造業への貸出しが減少し，卸小売・宿泊・飲食業を含めたサービス産業への貸出しが進んでいることを示している。消費向け貸出は住宅，アパート，店舗，二輪・四輪車と分類されているがこれらを足し合わせると全体の23.3％を占め，銀行貸出の4分の1は消費向け貸出であることがわかる。

　不良債権比率は貸出先の分野によりばらつきが大きい。2017年は国際資

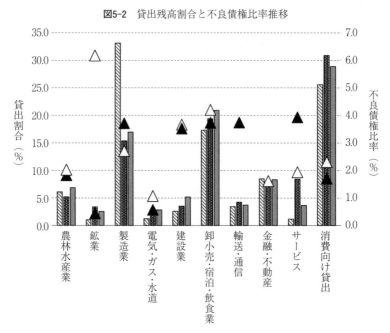

図5-2　貸出残高割合と不良債権比率推移

🞖2002　🞖2010　■2017　▲2010年不良債権比率　△2017年不良債権比率

（出所）　表5-1に同じ。

4）　2002年の産業別の不良債権比率は公表されていない。

源価格の低迷によって業績が不振な鉱業部門が6.2％と高く，５％を上限
とする不良債権比率規制を超えている。その他，小規模な貸出先の多い卸
売・宿泊・飲食産業が4.3％と高めになっている。しかしながら，全貸出
の平均では2.2％と全体的には健全な状態であるとみなされている。

第２節　アジア金融危機後の銀行再建策

　現在は健全となった銀行部門であるが，アジア金融危機時にはほとんど
の銀行が債務超過に陥り，商業銀行の不良債権比率は59％に達する状態で
あった（武田（濱田）1999）。このような壊滅的な状況から，銀行部門を立
て直すために，まず経営内容の悪い銀行が閉鎖され，健全性を失った銀行
のなかから，今後の銀行システムの中核となる銀行を選択し，健全化政策
を施した。選択の基準として自己資本比率を用い，自己資本比率４％以
上，同マイナス25％以上４％未満，同マイナス25％未満の３段階に分類し
た。救済の対象となったのは，主に自己資本比率がマイナス25〜４％の銀
行であった[5]。当時７行あった国営銀行については，すべてが自己資本比
率マイナス25％以下であったものの，その規模と役割の大きさからすべて
が資本注入による再建の対象となった（武田（濱田）2002）。
　再建対象となった銀行に対しては，自己資本比率を４％以上に引き上げ
るために国債による資本注入が実施され，回収不能債権はIBRAの資産管
理部門（AMU）に移管された。再建策の結果，当時のGDPの約６割に相
当する費用が銀行部門に投入された。この結果，68行が閉鎖，13行が国有
化，23行が資本注入され，国有化銀行９行が同じく国有化された民間上位
銀行へ統合された。現在，資産規模で１，２を争う規模の国営のBank
Mandiriは，この再建策の結果国営銀行４行が統合されてできた銀行であ
る。再建策のなかでは，国有化された銀行の株式は一定期間を経て売り出
されることが決まっていた。この国有化された銀行の株式の売却こそが，

---

5)　自己資本比率を４％以上保持した銀行の多くが中小規模であったこともあり，こ
　　れらの銀行は自力での再建を余儀なくされた。

現在の上位民間銀行の大半が外国資本所有となっていることの背景である。

　国有化銀行の大型株式売却がほぼ一段落する2000年代半ばには，国営銀行を除く主要民間銀行のほとんどが外国資本に塗り替わっていた。さらに買い手市場の状態が続いたため，ひとつの外国銀行がインドネシアの民間銀行を複数所有する状態になっていた。そのため中央銀行は，2006年10月に単一持株政策（Single Presence Policy: SPP）と銀行の統合・合併に対するインセンティブの導入を目的とする14の中央銀行規則からなる金融仲介と銀行統合に関する政策パッケージ（Pakto2006）を発表した。

　単一持株政策（SPP）の導入により一団体（一銀行）が2行以上の銀行を保有することを禁じた。ただし，①支配株主が異なる原理によって銀行業を行う場合，例えばBank MandiriとBank Mandiri Syariahのような一般商業銀行とイスラム銀行を所有する場合，②支配株主が2銀行を有しているうち，ひとつが合弁銀行の場合，③支配株主が銀行持株会社を設立し，その下にひとつ以上の銀行を所有する場合（その持株会社はインドネシア国内に設立されること）は例外として扱われる（濱田 2007）。

　これにより，2行以上の銀行を所有する株主の選択肢は，株式の一部もしくは全部を売却するか，合併するか，もしくは既存の銀行を下部に置く持株会社を設立するか，のいずれかとなった。さらに中央銀行は合併を促進するために，中央銀行規則第8/17号（8/17/PBI/2006）で合併に対するインセンティブを与えることを定めた。具体的には，統合や合併を行う銀行には，①外国為替取扱い銀行になるための許可を取得しやすくする，②中央銀行への支払準備金を当面緩和する，③統合・合併による信用供与制限枠の超過分の処理にかかる期限に猶予を与える，④支店新設許可を取得しやすくする，⑤デューディリジェンスに関する費用の一部を返済する，などであった。

第3節　続く外国銀行の参入

　インドネシアにおける外国資本の銀行部門への参入は，1988年の第2次

金融改革によって自由化されたときから始まっている。そのため，銀行部門への外国資本参加はインドネシアではすでに長い歴史がある。しかしながら，従来外国資本は合弁銀行および外国銀行として自国の企業などを中心に金融サービスを提供しており，顧客層も他の銀行とは異なることから外国資本銀行と地場銀行の棲み分けはできていた。しかし，現在は地場銀行の市場そのものが外国資本の市場となっている[6]。

　現在の115行の商業銀行のうち，従来地場資本が所有していた民間銀行のほとんどを外国銀行が買収した結果，インドネシアの主要な民間銀行は外国資本に変化している（**章末付表**）。2000年代初めから現在まで断続的に続く外国銀行のインドネシア銀行市場への参入は，時期により大きく4つの段階に分けることができる。第1段階は，アジア金融危機後の銀行部門再編の過程で国有化された銀行株式の売却にともなう外国資本の参入である。第2段階は，大型売却が収まった後の，中規模民間銀行の買収を中心としたアジア域内・中東の銀行による参入である。そして2013年以降の第3段階は非外為銀行など小規模銀行も含めた銀行の東アジアの銀行による買収と一度撤退を余儀なくされた企業グループの再参入である。そして近年の外国資本の持ち株比率のさらなる引き上げは第4段階として観測することができる。

3-1．第1段階——危機後の国有株式の放出，大型買収——

　2000年代に入ってから，政府による救済措置により一時的に国有化されていた民間銀行の株式の売り出しが始まった。しかし，従来の所有者である企業グループが買い戻す余力は当時の企業グループにはなかった。金融危機は企業部門にも大幅な損失を与えており，銀行を所有していた企業グループ自体も大きな再編を強いられ，IBRAに移管された銀行株式を買い戻すことは不可能であったためである。そうした銀行売却に関心を寄せていたのは，シンガポールのTemasekやマレーシアのKhazanahなどの政

---

6)　外国銀行参入の影響についてはHamada（2018）を参照。

府系ファンドを含む海外の銀行であった。早急に売却を進める必要がある政府は，1998年の改正インドネシア銀行法および1999年の政令を制定し，外国人が地場銀行の株式の99％まで所有することを可能にした。

　この規制緩和を受け，シンガポール政府の投資会社であるTemasek社はDanamonとBIIとあわせ3行を，マレーシアの投資会社であるKhazanah社はNiagaとLippoの2行を所有することになった。しかし，2006年に導入された単一持株政策（SPP）によって，外国資本によって買収された銀行の再編が進んだ。Farallon Capitalの持ち株を買い取って民間最大手銀行BCAを所有している大手タバコメーカーのDjarum　グループは，Haga Bank　とBank Hagakitaを所有していたが，2行をオランダのRabo Bankへ売却し，Rabo BankもSPPを遵守するために，2008年にこの2行を吸収・合併した。また，Khazanahが所有する上位行2行（NiagaとLippo）は，マレーシアのCIMBグループのCAHBが，まず2002年にNiagaの株式を取得し，続いて2005年にLippo株の過半数を取得し，2008年にBank CIMBとなった。

3-2．第2段階——中規模銀行の買収——

　第1段階の大型売却が一段落した後に，外国銀行による中堅，中小銀行を標的とした買収も進んだ。時期をはっきりと区切ることは難しいが，ここでは2000年代半ばから2012年までをめどとする。中堅優良銀行のNISPは2004年4月にシンガポールのOCBCが，Buanaは2011年5月にシンガポールのUOBが株式を買収した。2006年8月には東京三菱UJF銀行が消費者金融大手のアコムと共同で中規模外為銀行であるBank　Nusantara Parahyangan　（2006年6月時点，資産順位57位）を買収し，同年12月には中国のIndustrial and Commercial Bank of China（ICBC）が，Bank Halim Indonesia（外為銀行，同103位）の株式90％を買収した。インドからの買収も続いた。インドの最大銀行であるState Bank of India（SBI）は2006年にBank IndoMonex（非外為銀行，同113位）を買収し，Bank of India（BOI）も2007年にBank Swadesi（外為銀行，同91位）を買収した。さらに域内を

越えて中東からもインドネシア市場への参入が続いた。2005年にはクウェートのBoubyan Bankがイスラム銀行であるBank Muamalatの株式20％を取得した。また，カタールのQatar National Bankは2011年にBank Kesawanを買収し，バハレーンのAl Baraka Islamic Bankも2008年に駐在員事務所を開設し，2011年にインドネシアの銀行市場への参入が許可された。

3-3．第3段階——中小規模銀行の　　東アジアの銀行による買収・財閥の復帰——

　2013年以降の第3段階は，ASEAN最大の経済規模であるインドネシアの金融市場へ新たに参入しようと，残り少なくなった地場資本の銀行をターゲットにして，日本・中国・韓国・台湾などの東アジアの銀行が非外為銀行など小規模銀行も含めた中小銀行を買収する動きが目立った。さらに，外国銀行による買収とは別の動きとして，危機後に銀行部門からの退出を余儀なくされた企業グループの銀行部門への復活も始まった。

　中国の4大銀行のひとつである中国建設銀行のインドネシア参入は，2014年12月に資産規模で87位（2011年時点）のBank Antardaerahを60位のBank Windu Kentjana Internationalが100％保有することから始まり，そのBank Windu Kentjana International の株式60％を2016年12月に中国建設銀行が買収し，インドネシア参入を果たした。その直後にBank Windu Kentjana International はChina Construction Bank Indonesiaへ名称を変更した。

　一方，2017年5月にインドネシア最大の企業グループであり，民間最大手のBank Central Asia（BCA）を所有していたサリム・グループが，中堅銀行であるBank Ina Perdanaを買収し，約20年ぶりの銀行業復帰を果たした。サリム・グループは危機後解体を余儀なくされBCAはシンガポールのファンドに買収された後，現在タバコ産業を営む地場大手企業グループのDjarumが所有している。Bank Ina Perdanaは，シンガポールのOCBC証券が37.62％を保有（2015年12月現在）していたが，サリム・グ

ループはこの株式を含め買収した。さらに，サリム・グループは子会社である PT. GEMA INSANI KARYA を通じて SMBC 日興証券が39.68％を保有する PT. Nikko Sekuritas Indonesia の株式を56.23％保有している。このことからも，金融部門から退出した企業グループが銀行だけでなく，金融セクターに復帰しようとしていることがわかる。

　また，Mochtar Riady 率いるリッポー・グループも Bank Lippo を所有していたが，Bank Lippo は現在，マレーシアの CIMB に買収され CIMB Niaga に吸収されている。そのリッポー・グループもグループ企業である PT Kharisma Buana Nusantara を通じて非外為銀行の Bank Nationalnobu の株式を69.2％保有している。これらの被買収銀行は資本規模の小さい銀行であるが，銀行に新規参入する場合は最低3兆ルピアの資本金が必要であるため，既存の小規模銀行を買収することで，その設立コストを節約することが可能である。さらに既存の銀行を買収することで，すでにあるネットワークを利用することが可能であるため，銀行を新設するよりも効率的である。またこれは，資本の脆弱な銀行の数を減らしたい監督機関である金融サービス庁（OJK）の思惑とも一致するともいえる。

3-4．第4段階──持ち株比率のさらなる引き上げ──

　2010年代に入って，非外為銀行など中小銀行を対象にした買収が進み，外国銀行によるインドネシア銀行の買収はほぼ一巡したように思えた。しかし，買収活動は2015年以降も活発に行われている。そのなかでも，すでに株式を取得していた外国銀行がその割合をさらに引き上げるようになっている。例えば，Bank Mayapada International の株式を15％保有していた台湾の Cathay Financial Holding Co., Ltd. は2017には子会社の Cathay Life Insurance Co., Ltd. を通じて保有率を40％に引き上げている。Bank KEB Hana Indonesia は韓国の Hana Bank が保有率を75.1％から89.0％に引き上げ，Bank SBI Indonesia はインドの State Bank of India が76％から99.9％へと変更している。とくに企業の経営をコントロールできる3分の2以上を超えて限りなく100％に近い割合を保有するために株式を買い増

す外国銀行が増え，銀行の意思決定を完全に支配しようとしている様子がうかがえる。

第4節　財務指標の改善と外国銀行参入の要因

4-1．財務指標の推移

　本節では，危機直後からの銀行の財務指標の推移を検証し，財務体質が改善していることを示す。ここではBankscopeのデータを用いる[7]。銀行の総資産の平均は1999年の14億ドルから58億ドルへと拡大している（**図5-3**）。総合的な収益率を示す総資産利益率（ROA）と株主資本に対する収益率を示す自己資本利益率（ROE）は2000年代から回復しており，ROAは2％前後の水準で推移し，ROEは10％を超える水準を維持している（**図5-4**）。

　危機時に債務超過に陥った経験から，自己資本を充実させることについては中央銀行，OJK，銀行それぞれに注意を払っており，自己資本を総資産で除した比率は20％を超える水準が続いている。BIS基準に基づくリスク加重自己資本比率（CAR）も，OJKは2013年から新しい規則を適用し，それまでの一律8％の基準から個別銀行のリスク資産の状況によって8～14％の間で自己資本比率を維持することを決めた。しかし多くの銀行はこの規則の導入以前から12％を超える水準で自己資本比率を維持しており，自己資本で測ったインドネシアの銀行の健全性は十分に担保されているといえる（**図5-5**）。

　図5-6は不良債権比率と貸出比率を示している。不良債権比率は1999年の28.6％から改善し，2013年の平均は2.2％と低くなっている。しかしこれはBankscopeに収録されたサンプル数73行の平均であることと，データの都合上2013年までであり，銀行の種類による不良債権比率の動向はわからないため，集計値ではあるがOJKのデータを**図5-7**でみてみる。国際

　7）　Bankscopeのデータベースではインドネシアの73行のデータが利用可能であるが，すべての銀行はカバーできていない。

図5-3 総資産

（単位：100万ドル）

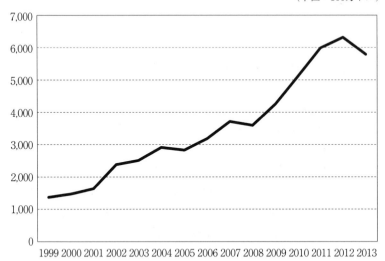

（出所） Bankscope.

図5-4 総資産利益率と自己資本利益率（％）

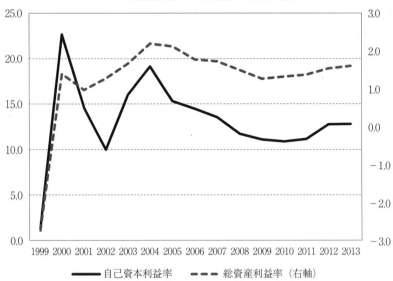

──── 自己資本利益率　　━ ━ ━ 総資産利益率（右軸）

（出所） 図5-3に同じ。

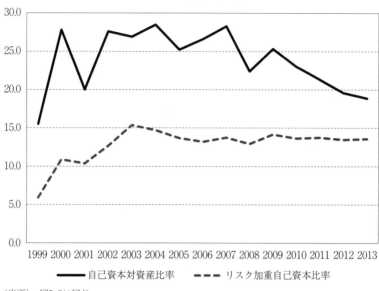

図5-5　自己資本比率（%）

（出所）　図5-3に同じ。

商品価格の下落が経済に影響しはじめた2014年あたりから鉱業向け貸出を中心に不良債権比率が高くなっている。2017年の不良債権比率は国営銀行が2.0%，民間外為銀行が2.0%，民間非外為銀行が2.0%，地方開発銀行は2.8%，合弁銀行が1.4%，外国銀行が1.1%となっている。地方開発銀行の数値が高く，小規模で財務的に脆弱な民間外為銀行は増加傾向にある。

　受け取り利子と支払い利子の差額の貸出総額に対する割合である純資金利ざや（NIM: net interest margin）は銀行の収益性を示す指標である。**図5-8**が示すように，インドネシアのNIMは2000年代前半に比べると低くなっているものの，近隣諸国と比較すると高い水準にあり，この収益性に直結する利ざやの高さは，外国銀行がインドネシア市場に参入しようとする要因のひとつとみなされている（Ernst & Young 2017）。

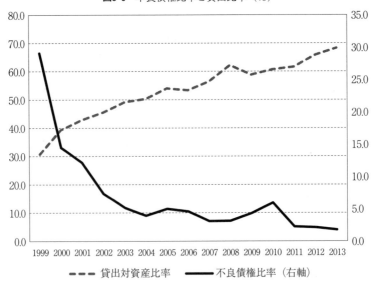

図5-6　不良債権比率と貸出比率（％）

（出所）　図5-3に同じ。

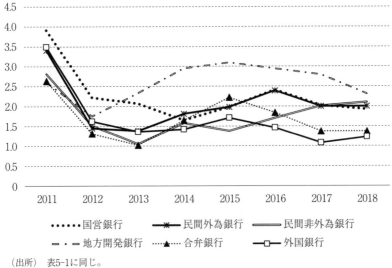

図5-7　銀行種類別の不良債権比率推移

（出所）　表5-1に同じ。

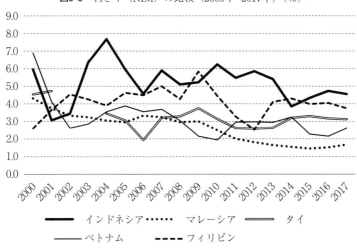

図5-8　利ざや（NIM）の比較（2000年-2017年）（％）

（出所）　World Bank, DataBank.

4-2．外国銀行参入の背景

　すでにみたようにインドネシアの商業銀行は，他のASEANの銀行と比較した場合，利ざやが大きく，利益率が高いことが，外国銀行のインドネシア市場への参入の大きな要因であるといえる。また人口2億6000人をかかえるなか，銀行口座の保有率は50％弱と低い。これらは発展の余地の裏返しともいえ，インドネシア市場が魅力的である要因といえる。これは第1段階，第2段階の外国銀行参入の要因として妥当であると思われる。しかし，第3段階の参入の要因は，少し様相が異なっているように思われる。すでにみたように第3段階の参入は，中国・韓国・台湾・日本の銀行によるものである。たとえば，中国の銀行のインドネシア参入は戦略的である。中国4大国有銀行のひとつである中国銀行は，中国企業の国外進出のための融資の予算を有しており，インドネシア進出を促進するため150社に上る企業に5000億ドル相当のプログラムを準備して，自国企業のインドネシア進出を後押ししている。中国はとくにインフラ関連事業への直接投資を中心に，自国企業の参加を促すためにインドネシアの銀行を通じて

資金を融通している。

　このような動きに外国銀行に占有されたインドネシア銀行部門へのインドネシア国民の不安をみることができる。インドネシア国内から預金を集める銀行が外国銀行になり，外国銀行になったインドネシアの銀行の貸出先は自国企業が中心となるために，インドネシアの企業への貸出は減少するという懸念である。さらに不良債権化しやすい貸出は国営銀行や地方開発銀行へとまわり，最終的に地場資本の銀行の不良債権化が進むというものである。この議論は外国銀行の参入に関する先行研究において，外国の銀行は情報収集コストのために中小企業ではなく大企業に貸与する傾向がある（Detragiache, Tressel and Gupta 2008）という指摘にも関連するものである。しかし，こうした議論には十分な検証が必要である。

　不良債権率を示した**図5-7**では，国営銀行の産業向け貸出の不良債権比率は2.1％であった。地方開発銀行は従来から他の銀行と比較して不良債権比率は高めであることも勘案する必要があるが，2014年以降3％前後で推移している。また，零細中小企業への貸し出しをみた場合，国営企業と地方開発銀行がその割合を増加させる一方，民間銀行は低下させていることにかんがみると，外国銀行の参入が銀行の貸出行動に影響を与える可能性が示唆され，その影響を検討する必要がある[8]。

　しかしながら，このような懸念が出てくるということ自体が，外国銀行参入の課題ともいえる。銀行の普及率の低さが，外国銀行参入の魅力であると言われる一方，既存の銀行サービスの60％がジャワ島に集中するなか，利益を追求する外国銀行が経済的後背地に支店を開き，貸出を拡大していくのかという疑問は生じる。外国銀行参入の影響をどのようにとらえるかは今後も引き続き重要な課題といえる。

---

8)　Hamada（2018）は従来中小企業への主要な貸し手であった地場民間銀行が外国銀行による買収後，中小企業貸出を減少させていることを明らかにしている。

第 5 節　デジタルエコノミーの進展と銀行部門の変化

5-1．所得格差とインターネットの普及

　アジア金融危機以降，清算，資本注入，合併・統合，買収と大きな変化を経験してきたインドネシアの商業銀行部門であるが，ここ数年は世界中で進展している経済のデジタル化というこれまでにない変化がインドネシアの銀行部門でも生じており，その速度は速まっている。

　金融アクセスがいまだ十分でないインドネシアにおいて，銀行口座保有率や銀行支店当たり人口などは銀行部門の発展を図るうえで重要な指標であった。**図 5 - 9** は銀行口座保有率を年代別・所得・教養水準等別にみた数値である。2011年に比較すると2017年の保有率は格段に向上しているものの，もっとも高い保有率でも中学校以上の学歴人口の62.7％でしかない。**図 5 -10**は州別の 1 人当たり GDP の変化を，**図 5 -11**は州別の銀行支店数と 1 支店当たりの人口を示したものである。経済成長によりインドネ

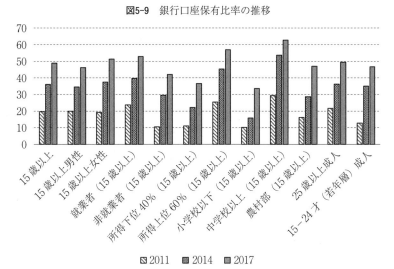

図5-9　銀行口座保有比率の推移

◧2011　▨2014　■2017

（出所）　図5-8に同じ。

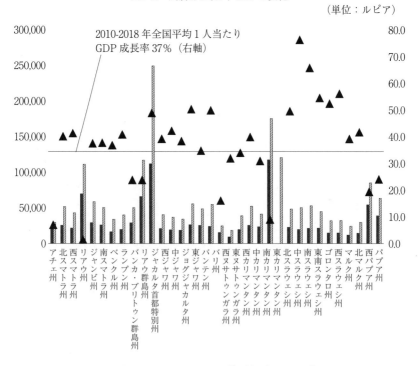

図5-10　州別1人当たりGDPの変化

（単位：ルピア）

2010-2018年全国平均1人当たり
GDP成長率37％（右軸）

州名（横軸、左から）：
アチェ州、北スマトラ州、西スマトラ州、リアウ州、ジャンビ州、南スマトラ州、ベンクル州、ランプン州、バンカ・ブリトゥン群島州、リアウ群島州、ジャカルタ首都特別州、西ジャワ州、中部ジャワ州、ジョグジャカルタ州、東ジャワ州、バンテン州、バリ州、西ヌサトゥンガラ州、東ヌサトゥンガラ州、西カリマンタン州、中カリマンタン州、南カリマンタン州、東カリマンタン州、北スラウェシ州、中スラウェシ州、南スラウェシ州、東南スラウェシ州、ゴロンタロ州、西スラウェシ州、マルク州、北マルク州、西パプア州、パプア州

■2010　▨2018　▲伸び率（2010-2018）

（出所）　インドネシア中央統計庁。

シア全土で1人当たりGDPは向上しているものの，2010年に最も高いジャ
カルタ特別州の1人当たりGDP（11万1529ルピア）は最も低い東ヌサトゥ
ンガラ州（9317ルピア）の12倍であり，2018年は13倍に拡大している。こ
のように地域間格差は拡大しており，銀行支店数の偏在はそれを反映して
いる（**図5-11**）。ジャカルタが突出して高く，ジャワ島を中心に銀行支店
数は多く，地域間格差が大きいことがわかる。
　したがって，金融アクセスの向上のための方策がまだ十分でないことが
示唆され，従来であれば銀行の支店の増加という物理的な拡大の重要性が
指摘されていたはずである。しかし，近い将来金融アクセスの向上に銀行

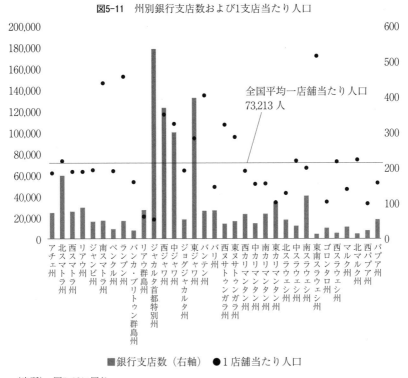

図5-11　州別銀行支店数および1支店当たり人口

■銀行支店数（右軸）　●1店舗当たり人口

（出所）　図5-10に同じ。

の口座保有率の向上や銀行支店数の増加はあまり重要でなくなるかもしれない。インターネットの普及によりインターネット経由の金融サービスが従来のサービスを凌駕する日が来るかもしれないからである。

　インドネシア・インターネットサービスプロバイダー協会（Asosiasi Penyelenggara Jasa Internet Indonesia: APJII）の2017年の調査によると，インドネシアでのインターネット利用者は1億4330万人と人口の55%に上る。都市部では72%，農村部でも48%である。利用率を年代別にみると13〜18歳の世代は76%，19〜34歳は74%，35〜54歳は44%，54歳以上は16%と35歳以下の若い世代では4分の3以上がインターネットを利用している（APJII 2017）。さらにスマートフォン/タブレットの保有率は都市部で

71%，農村部で42%である。一方，支払いにスマートフォンやタブレットのアプリケーションを利用している人は11%，定期購買などに利用する人は6.3%と比較的低く，90%の人がチャットやソーシャルメディアを利用している。インターネットで銀行サービスを利用している人は7.4%にとどまっている。社会階層[9]別のインターネットの利用度は上位4分の1の上位層では93%，上位中間層が83%，下位中間層が59%，最も低い層が22%となっている。

　下位中間層はインターネットユーザーの75%を占め，中央統計庁の分類による支出別にみた上位20%・中位40%・下位40%のうち，中位・下位にまたがる層である。近年の支出の伸びは，下位40%層がもっとも高く，中位40%が次いで高い。安定的な経済成長は，貧困率の低下[10]と中間層の増加をもたらしているといえる。この階層の人々の6割近くがすでにインターネットにアクセスしている事実は，インターネットの普及が経済インフラとして情報格差を縮小し，人々の生活向上に重要な要素となり，金融アクセスにも影響してくることを示唆している。

5-2．急速な電子マネーの普及・銀行業のデジタル化

　経済インフラとしてのインターネットの普及と並行して，銀行部門では電子マネーの普及が拡大している。インドネシアの銀行はATM，電子的売上伝票情報処理（Electronic Data Capture: EDC）への投資を進めており，またプリペイドカード普及のための eMoney リーダーの導入も進めている。図5-12は電子マネー読み取り機等のインフラ数の伸び率を示しているが，2017年後半から伸び率が高くなっている。図5-13，図5-14は電子マネーとクレジットカードの取引件数と取引額の推移を示している。2018年の電子マネー取引の伸び率は急激であり，今後インドネシアにおける経済のデジタル化の進展が急激に進む可能性を示唆している。

　中央銀行をはじめとしてキャッシュレス化を促進しており，国営の

---

9)　このサーベイにおける社会階層の定義は明らかにされていない。

10)　2018年の貧困率は9.7%と初めて1桁まで低下した。

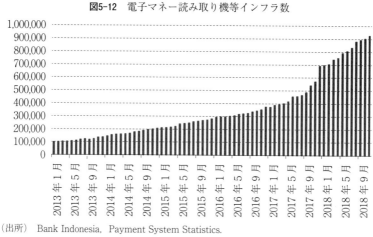

図5-12　電子マネー読み取り機等インフラ数

（出所）　Bank Indonesia, Payment System Statistics.

図5-13　電子マネーの取引量と取引金額

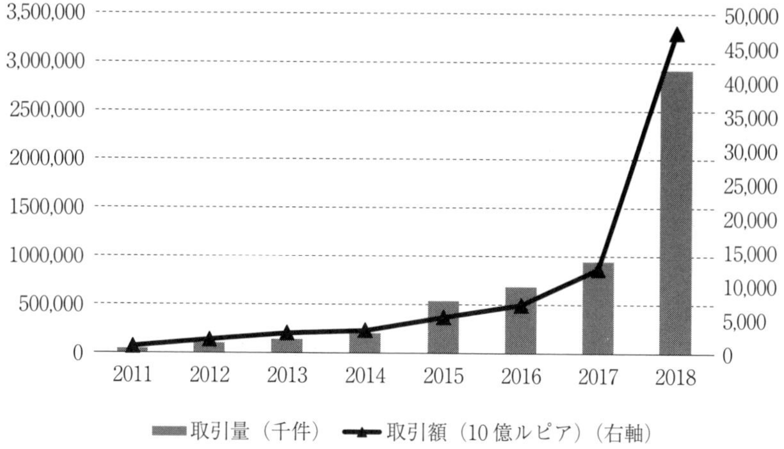

■ 取引量（千件）　▲ 取引額（10億ルピア）（右軸）

（出所）　図5-12に同じ。

Bank Mandiriと12の民間商業銀行はキャッシュレス社会の促進を目指して電子マネーカードの発行とインフラの利用で提携することを決めた（2017年12月13日付Bisnis Indonesia紙）。キャッシュレス化の中核を握るた

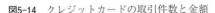

図5-14 クレジットカードの取引件数と金額

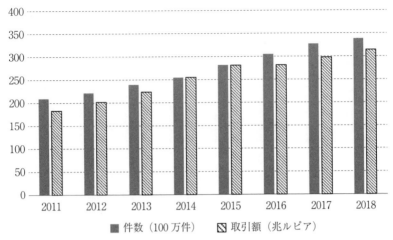

■ 件数（100万件）　　Ⓝ 取引額（兆ルピア）

（出所）　図5-10に同じ。

めに，既存の銀行界と新興のフィンテック業界がしのぎを削ってきたが，最近はそれぞれが補完しあい協力して市場開拓を進める動きも出てきている。

国営銀行であるBank Mandiriは，2016年にインドネシア地場銀行で初のフィンテック・ベンチャーファンドMandiri Capital（MCI）を立ち上げ，カードリーダー会社Cashlez，マイクロ貸出会社Amartha，や，ポイントセールスソフト会社Mokaなどスタートアップ企業を支援する。また，Bank Mandiriは国営通信会社Telkomと組んでMandiri Business Incubatorを設立し，電子マネーシステムであるMandiri E-CashにAPI開放している。資産規模で最大である国営Bank Rakyat Indonesia（BRI）は国営ベンチャーキャピタルBahana Artha Venturaの株式35％を取得し，ここを通じてスタートアップ支援する。

民間最大手のBank Central Asiaは，2017年にベンチャーファンド Central Capital Ventura（CCV）を立ち上げ，貸出プラットフォームであるKlikACCに参画した。また，デベロッパー向けのAPIウェブサイトも複数所有し，フィンテック分野への投資を加速させている。国営銀行BNI，

BTNもベンチャーキャピタルを立ち上げ，中小企業を顧客に据えるBank Bukopinもスタートアップ・インキュベーターBNV Labsを2017年3月に立ち上げデジタル化を進めている。

　このように，新たな金融サービスの市場を作り出し，そこで勝ち抜くための競争は熾烈さを増しており，早急の対応を迫られているのは国営，地場，外国資本の区別はない。

おわりに

　1997年のアジア金融危機後の再編を経てインドネシアの商業銀行部門は大きく様変わりした。再編策としての株式売却による外国資本の参入を皮切りとして，その後も外国銀行の参入が続いている。2008年の世界金融危機以降，欧米銀行の撤退が顕著となり，それに代わってアジア域内からの参入が増加している。これらの動きは，ASEAN経済統合を背景に，ASEANで最も経済規模が大きく，人口の大きいインドネシア経済への参入がおもな動機づけとしてある。その一方で，健全性が高く利益率の高いインドネシアの銀行は収益性の高い投資対象ともいえる。中間層が増える中，人口の大きさに比較して銀行の普及率が低いことも，今後の成長の可能性の高さを示しており外国銀行参入の後押しをしている。さらに，国を挙げてインドネシアのインフラ部門への投資をすすめる中国・韓国などの銀行の参入は自国企業のインドネシア投資の後押しをすることを目的とする。

　このような動きがインドネシアの商業銀行部門にどのような影響を与えるかについては，銀行部門の総計でみる限り，資産規模の拡大や健全性の改善という点ではとくに大きな影響はみあたらない。しかし，零細中小企業への貸し出しをみた場合，国営企業と地方開発銀行がその割合を増加する一方，民間銀行は低下させていることにかんがみると，外国銀行の参入が貸出行動に影響を与える可能性が示唆され，その影響の検討は今後の課題といえる。

インドネシア国内の動きとは別に，ASEANでは域内統合による ASEAN銀行統合フレームワーク（ABIF）を通じたさらなる統合を目標とした動きが始まっている。ABIFは2020年までに適度に統合された金融市場の確立を目指すものであり，一定の水準に達したASEAN適格銀行（QAB）に対しては，地場銀行と平等な扱いを受けさせることを目指す。こうした取組みによりASEANの金融市場への各国からのアクセスは高まり，業務拡大への柔軟性も促進されることになる。QABはASEAN域内貿易と投資を促進するうえで大きな役割を果たすと期待されている。インドネシアでも2016年8月にOJKはマレーシア中央銀行（Bank Negara Malaysia）とABIFの枠組みに関連して，二国間協定を結び，それに先立つ2016年3月にはタイ中央銀行と二国間協定に関する趣意書を交わすなど，ASEAN域内統合への動きも進めている。このような域内統合が進むと，インドネシア地場銀行の買収という手段を通じなくともASEANの銀行はインドネシアでの業務が可能となり，外国銀行のプレゼンスは高まることはあっても弱くなることはない。

　アジア金融危機後の再編を契機にインドネシアの銀行部門への外国資本の参入が進んできたが，現在115行の銀行の中で地元資本の銀行は20数行となっている。そのうちサリム・グループやリッポー・グループという旧銀行からの再参入という新たな動きもみられる。そしてこれらの銀行は再参入を契機にデジタル化を進め新たな銀行業を模索している。これはまさに今インドネシアの銀行業が直面している新たな挑戦であるといえる。そこにはインターネットというインフラ整備の拡充を背景として，従来の銀行がなしえなかった金融サービスへのアクセスの改善の飛躍的な向上が期待される。しかし，その市場では銀行のみでは進むことはできず，フィンテック企業，スタートアップ企業といった若い異業種との協力が不可欠となる。そのような状況のなかで，国営であるか地場であるか，外国資本であるかという違いがどのように影響していくのか，しないのか。このような状況を踏まえ，インドネシア国内の銀行部門の発展は何が主体となりどのように進んでいくのか，慎重に注目していく必要がある。

〔参考文献〕

〈日本語文献〉

武田（濱田）美紀 1999.「インドネシア経済改革──金融部門の再構築」佐藤百合編『インドネシア・ワヒド新政権の誕生と課題』トピックレポート（37）アジア経済研究所.

───2002.「金融部門の形成と構造変化」佐藤百合編『民主化時代のインドネシア』研究双書 525 アジア経済研究所.

濱田美紀 2007.「インドネシア銀行部門の長期再編計画──2010年に向けて」アジ研ワールド・トレンド 2007年2月号（137）.

───2013.「アジア通貨危機後のインドネシア銀行部門の変容とその影響」秋葉まり子編著『グローバライゼーションの中のアジア』弘前大学出版会.

〈外国語文献〉

Detragiache, Enrica, Thierry Tressel and Poonam Gupta 2008. "Foreign Banks in Poor Countries: Theory and Evidence." *Journal of Finance* 63 (5): 2123-2160.

Hamada, Miki 2014. "Financial Development: The Case of Indonesia." *Financial Globalization and Regionalism in East Asia*, edited by Takuji Kinkyo, Yoichi Matsubayashi, Shigeyuki Hamori. London: Routledge, 179-205.

───2018. "Impact of Foreign Bank Entry on SME Credit in the Indonesian Banking Sector." *Journal of Southeast Asian Economies* 35 (1): 50-78.

〈ウェブサイト〉

APJII（Asosiasi Penyelenggara Jasa Internet Indonesia) 2017. "Penetrasi & Perilaku Pengguna Internet Indonesia, survey 2017." https://web.kominfo.go.id/sites/default/files/Laporan%20Survei%20APJII_2017_v1.3.pdf（2019年1月6日アクセス）.

Ernst & Young, 2017. "The Indonesian Banking Industry: Unfolding the Opportunity." https://www.parthenon.ey.com/Publication/vwLUAssets/ey-the-indonesian-banking-industry-unfolding-the-opportunit/$FILE/ey-the-indonesian-banking-industry-unfolding-the-opportunity.pdf（2018年3月7日アクセス）.

World Bank 2018. "Indonesia Economic Quarterly September 2018: Urbanization for All." https://www.worldbank.org/en/country/indonesia/publication/indonesia-economic-quarterly-september-2018（2019年4月29日アクセス）.

付表　インドネシア商業銀行の種類と所有者リスト

	銀行名	銀行種類	所有者	外資所有者国籍	2013年12月時点資産 (10億ルピア)	買収年
1	BANK MANDIRI (PERSERO), Tbk	国営			733,100	
2	BANK RAKYAT INDONESIA (PERSERO), Tbk	国営			626,183	
3	BANK CENTRAL ASIA, Tbk	外為	Farindo Investments → 地場 Djarum Group (47.15%)		496,305	
4	BANK NEGARA INDONESIA (PERSERO), Tbk	国営			386,655	
5	BANK CIMB NIAGA, TBK	外為	Bank Niaga, Bank Lippo → CIMB Group Sdn Bhd. Malaysia (96.92%)	マレーシア	218,866	2002
6	BANK DANAMON INDONESIA TBK	外為	Asia Financial Pte. Ltd. (67.37%) → 三菱 UFJ → 89%	日本	184,237	2018
7	BANK PERMATA, Tbk	外為	Standard Chartered Bank (44.51%) → 89%	英国	165,834	2006
8	PAN INDONESIA BANK, Tbk	外為	Votraint No. 1103 Pty Limited (ANZ Bank Group) (38.82%)	豪州	164,056	2009
9	Bank Maybank Indonesia ← BANK INTERNASIONAL INDONESIA, Tbk	外為	Maybank, Malaysia (97.4%) => 100% (2008), =>78.98	マレーシア	140,547	
10	BANK TABUNGAN NEGARA (PERSERO), Tbk	国営			131,170	
11	BANK OCBC NISP, TBK	外為	OCBC (75%) → 85.08%	シンガポール	97,524	
12	THE BANK OF TOKYO MITSUBISHI UFJ LTD	外国銀行支店		日本	97,198	
13	THE HONGKONG AND SHANGHAI BANKING CORP	外国銀行支店		英国	84,394	
14	BANK UOB INDONESIA	外為	UOB, Singapore (99%)	シンガポール	71,382	
15	BPD JAWA BARAT DAN BANTEN, Tbk	地方開発			70,958	
16	BANK TABUNGAN PENSIUNAN NASIONAL, Tbk	非外為	Sumitomo Mitsui Banking Corporation (40%), Sumitomo Mitsui Financial Group (17.5%)	日本	69,664	2015, 2016
17	BANK BUKOPIN, Tbk	外為	地場 (Koperasi Bulog) →地場 Bosowa Corporindo (30%)		69,457	2015
18	BANK MEGA, Tbk	外為	地場 (Koperasi Bulog) → PT.Mega Corpora		66,509	
19	CITIBANK NA	外国銀行支店		米国	64,284	
20	STANDARD CHARTERED BANK	外国銀行支店		英国	62,250	
21	BANK DBS INDONESIA	合弁		シンガポール	55,246	
22	BANK SUMITOMO MITSUI INDONESIA	合弁		日本	46,832	
23	BANK MIZUHO INDONESIA	合弁		日本	40,758	
24	BPD JAWA TIMUR	地方開発			33,047	
25	BANK ICBC INDONESIA	外為	ICBC, China (97.5%) → 98.61%	中国	32,241	
26	ANZ PANIN BANK	合弁		豪州	32,159	
27	BPD DKI	地方開発			30,748	
28	BANK PEMBANGUNAN DAERAH JAWA TENGAH	地方開発			30,695	
29	BANK EKONOMI RAHARJA, Tbk → Bank HSBC Indonesia	外為	HSBC Asia Pacific Holdings, UK (98.94%)	英国	28,750	2009
30	BPD KALIMANTAN TIMUR	地方開発			27,660	
31	BANK MAYAPADA INTERNATIONAL, Tbk	外為	Cathay Financial Holding Co. Ltd. (15%) → Cathay Life Insurance Co. Ltd 40% (2017)	台湾	24,015	2016, 2017
32	DEUTSCHE BANK AG	外国銀行支店		ドイツ	23,532	
33	BPD SUMATERA UTARA	地方開発			21,495	
34	BANK ARTHA GRAHA INTERNASIONAL, Tbk	外為			21,188	
35	BANK COMMONWEALTH	合弁		豪州	20,611	
36	BPD RIAU DAN KEPULAUAN RIAU	地方開発			19,460	
37	BANK VICTORIA INTERNATIONAL, Tbk	非外為			19,171	
38	BPD PAPUA	地方開発	地場		17,665	
39	BANK SINARMAS	外為	地場 Sinarmas (55.59%)		17,447	

付表　インドネシア商業銀行の種類と所有者リスト（続き）

No	銀行名	種類	所有者	国	値	年
40	BPD SUMATERA BARAT	地方開発			16,244	
41	JP. MORGAN CHASE BANK, N.A	外国銀行支店		米国	15,422	
42	BANK ACEH	地方開発			15,250	
43	THE BANGKOK BANK COMP. LTD	外国銀行支店		タイ	15,162	
44	BANK OF CHINA LIMITED	外国銀行支店		中国	15,094	
45	PT. BANK MUTIARA, Tbk	外為	J Trust (100%)	日本	14,576	2014
46	BPD BALI	地方開発			14,367	
47	BPD SUMATERA SELATAN DAN BANGKA BE-LITUNG – UUS	地方開発			14,221	
48	BANK RESONA PERDANIA	合弁		日本	14,118	
49	BANK RABOBANK INTERNATIONAL INDONESIA	外為	前Bank Hagakita+Bank Hagakita→ Rabobank, the Netherlands	オランダ	13,543	2006
50	BANK QNB KESAWAN, Tbk	外為	Qatar National Bank (69.59%)	カタール	11,047	2011
51	BANK NUSANTARA PARAHYANGAN,Tbk	外為	Acom Co. Ltd., Japan (60.3%). Bank of Tokyo-Mitsubishi, Japan (15.2%)	日本	9,985	2007
52	BPD KALIMANTAN BARAT	地方開発			9,643	
53	PD BPD KALIMANTAN SELATAN	地方開発			9,473	
54	BANK PUNDI INDONESIA, Tbk → Bank Pemerintah Daerah (BPD) Banten	非外為	Banten Province Government		9,003	2016.8
55	BANK CTBC INDONESIA	合弁		台湾	8,832	
56	BPD SULAWESI SELATAN DAN BARAT	地方開発			8,735	
57	BANK KEB HANA INDONESIA	外為	Hana Bank, Korea (75.1%) → KEB Hana Bank (89.0%)	韓国	8,719	2007, 2008, 2013
58	BANK HIMPUNAN SAUDARA 1906, Tbk	外為	Woori Bank (33%)	韓国	8,230	2013
59	BANK MNC INTERNASIONAL, Tbk	外為	地場		8,165	
60	BANK MESTIKA DHARMA	外為	RHB Capital Group's (40%) (Malaysia) → Mestika Benua Mas (89.44%) マレーシアから地場へ	マレーシア（Mestikaは地場）	7,911	2012
61	BPD SULAWESI UTARA	地方開発			7,805	
62	BPD NUSA TENGGARA TIMUR	地方開発			7,268	
63	BANK CAPITAL INDONESIA, Tbk	外為			7,139	
64	BPD DAERAH ISTIMEWA YOGYAKARTA	地方開発			6,523	
65	BANK WOORI INDONESIA	外為		韓国	6,221	
66	BANK KEB INDONESIA	合弁		韓国	5,896	
67	THE ROYAL BANK OF SCOTLAND N.V.	外国銀行支店		英国	5,581	
68	BANK INDEX SELINDO	外為	Creador Capital (20%), Malaysia, マジョリティは地場		5,263	2014
69	BRI AGRONIAGA, Tbk	外為	BRI, 87.23%		5,124	
70	BANK BNP PARIBAS INDONESIA	合弁		フランス	4,890	
71	BANK JASA JAKARTA	非外為	地場		4,708	
72	BPD LAMPUNG	地方開発			4,590	
73	PT. BANK MALUKU	地方開発			4,561	
74	BPD NUSA TENGGARA BARAT	地方開発			4,319	
75	BPD JAMBI–UUS	地方開発			4,277	
76	BANK MASPION INDONESIA	外為	Kasikorn Bank, Thai (9.9%)	タイ	4,170	2017
77	BANK BUMI ARTA, Tbk	外為	地場		4,045	
78	BPD KALTENG	地方開発			3,973	
79	BANK NATIONALNOBU	非外為	OCBC Securities Pte. Ltd (22.21%)	シンガポール	3,877	2007

付表　インドネシア商業銀行の種類と所有者リスト（続き）

	銀行名	種類	所有者	国	資産	年
80	BANK OF INDIA INDONESIA, Tbk	外為	Bank of India (76%)	インド	3,601	
81	BPD BENGKULU	地方開発			3,160	
82	BPD SULAWESI TENGGARA	地方開発			3,124	
83	BANK KESEJAHTERAAN EKONOMI	非外為	地場		3,024	
84	BANK OF AMERICA, N.A	外国銀行支店		米国	2,922	
85	BANK SBI INDONESIA	外為	BANK SWADESI=State Bank of India (76%)→99.9%	インド	2,856	2007, 2013
86	BANK MAYORA	非外為	地場		2,839	
87	BANK SAHABAT SAMPOERNA	非外為	地場		2,669	
88	PT. BANK AGRIS	外為	Industrial Bank of Korea (95.79%)	韓国	2,509	2019.1
89	BANK YUDHA BHAKTI	非外為	地場		2,304	
90	PRIMA MASTER BANK	非外為	地場		2,070	
91	BANK GANESHA	外為	UOB Kay Hian PTE, Ltd (12.42%), BNP Paribas Welath Management Singapore Branch (8.13%)		1,991	
92	PT. BPD SULAWESI TENGAH	地方開発	地場		1,797	
93	BANK MULTIARTA SENTOSA	非外為	地場		1,695	
94	BANK HARDA INTERNASIONAL	非外為	地場		1,639	
95	BANK INA PERDANA	非外為	PT. INDOLIFE PENSIONTAMA (Salim group) 22.47%, PT. SAMUDRA BIRU (Salim) (16.51%),PT. GAYA HIDUP MASA KINI (Salim) (12.48%) =51.65%) 地場		1,402	2017.5
96	BANK ANDARA	非外為	Mercy Corps, US (26.15%), IFC (17.87%) → APROFinancial Co. Ltd. (40%) 地場		1,295	2016
97	BANK MITRANIAGA	非外為	地場		1,285	
98	BANK SINAR HARAPAN BALI	非外為			1,094	
99	BANK DINAR INDONESIA	非外為	地場		854	
100	BANK FAMA INTERNASIONAL	非外為	地場		843	
101	CENTRATAMA NASIONAL BANK (BANK CNB)	非外為	Shinhan Bank (75%)	韓国	839	2015
102	BANK METRO EXPRESS	非外為	Shinhan Bank (98%)	韓国	802	2015
103	BANK ARTOS INDONESIA	非外為	地場		657	
104	BANK BISNIS INTERNASIONAL	非外為	地場		541	
105	BANK ROYAL INDONESIA	非外為	地場		469	
106	BANK TABUNGAN PENSIUNAN NASIONAL SYARIAH	非外為	Sumitomo Mitsui Banking Corporation (40%), Summit Global Capital Management B.V (20%)	日本	300	2013, 2018 (60%〜)
107	ANGLOMAS INTERNASIONAL BANK		Wishart Investments Inc, Virgin Islands (90%)		177	
108	BANK WINDU KENTJANA INTERNATIONAL		China Construction Bank Corporation	中国		2016
109	BANK ANTARDAERAH		BANK WINDU KENTJANA INTERNATIONAL (100%) = China Construction Bank Corporation	中国		2016
110	BANK DIPO INTERNATIONAL		Sampoerna Strategic (85%)			2010
111	BANK AKITA		Barclays Bank, UK (99%)	英国		2009
112	BANK UTAMA INTERNATIONAL		地場 BCA (100%)			2009
113	BANK HALIM INDONESIA		Industrial and Commercial Bank of China (ICBC) (90%)	中国		2007
114	BANK SRI Partha		Mercy Corps, US, IFC , Hivos-Triodos Fund and CORDAID (68%)	米国		2007
115	BANK FINCONESIA		Commerzbank (51%)	ドイツ		2007

（出所）　各種報道などから筆者作成。

第6章

タイ商業銀行の所有・収益構造の変容

三重野 文晴・芦 宛雪

はじめに

　タイでは，1997年のアジア金融危機が商業銀行部門の大規模な変容の画期となった。外国の有力銀行が破綻処理の対象となった中位行，下位行を買収する形で商業銀行部門に大規模に参入し，上位行の多くも海外からの出資を受けてこの危機に対処した。その後の政府による2000年代の「金融セクター・マスタープラン」や2010年から実施されたそのフェーズⅡの取組みでは，商業銀行部門における競争環境の強化を目指して，海外からの銀行業への参入が継続して進められるとともに，地場資本からの商業銀行への新規参入も広げられた。この間，伝統的な財閥・家族所有型の上位行に対しては，金融事業の拡大の抑制など，やや抑圧的な政策がとられてきた。

　商業銀行部門における外国銀行のプレゼンスは，金融危機以降一貫して拡大する傾向があるが，その内実は段階を踏んで変化してきている。金融再編の当初こそ欧米系銀行による買収・参入が多くあったが，2000年代になるとそれに代わって東南アジア域内の大手銀行のプレゼンスが高まる。さらに2000年代末以降は，日本・中国・豪州といった域外のアジア太平洋地域の大手銀行の参入が中心となっている。

こうした商業銀行部門への外国銀行あるいは国内資本の新規参入は，商業銀行の競争環境にどのような影響を与えたのか。外国銀行にはどの程度の競争力があるのか。そして，地場資本の銀行は，タイ経済の国際競争力が高まり，ASEANの市場統合が深化するなかで，どのように，またどの程度変化しているのか。本章では，過去20年の推移を整理しながら，とくに外国銀行の参入が商業銀行部門に与えた影響に着目しつつ，商業銀行部門の変容を考察する。

　本稿の構成は以下のとおりである。第1節ではタイ銀行部門に関わる経済成長・マクロ金融環境を振り返り，2002年からの金融マスタープラン（フェーズIおよびII）の趣旨をたどったうえで，この期間を通して進行した商業銀行部門の再編を整理する。第2節では，その再編による銀行部門の所有構造の変化，とくに外国銀行や海外資本のプレゼンスの高まり，そしてそれが競争環境に与えた影響との関係を吟味する。第3節では，商業銀行の経営構造の変化の如何を，とくに外国銀行との違いの有無に焦点をあてて検討する。最後に，本章の主要な観察を整理する。

第1節　2000年代以降の政策基調と銀行部門の再編

1-1．2000-2010年代の経済環境

　図6-1は1990年からのタイ経済の実質成長率の推移を示したものである。タイの商業銀行部門は，1997年のアジア金融危機を画期としてその後20年の間，大きな変貌を遂げてきたが，その経緯は当然ながらタイ経済そのものと表裏の関係にある。まず，この図に沿って経済の推移とその時々の金融面の課題を確認しておこう。タイでは金融危機時の大幅な通貨下落によって企業・銀行部門は債務危機に陥り，大きな経済混乱に見舞われた。商業銀行部門では多くの中下位行が破綻して，一時国有化や外国銀行への売却によって処理が進められた。

　タイ経済が成長を回復するのは2002年頃からである。2001年に発足したタクシン政権は，不良債権の処理に取り組む一方で，国内部門による国内

図6-1　実質成長率の推移

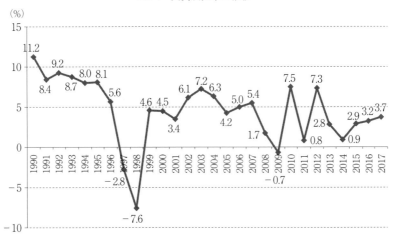

（出所）　Statistical Database System, Asian Development Bank.

需要の拡大と，輸出部門の振興という2つの柱で成長を牽引する「デュアル・トラック政策」のもとで，2000年代前半には成長率平均5％程度の回復を実現する。タイ経済は2008-2009年に世界金融危機に直面するが，そこで輸出面で生じたショックは一過性のものに留まった。

　2010年代になると，長引く政治混乱が経済成長に影響を与えはじめる。2011年にはクーデター（5月）と首都圏洪水（10月）の影響で成長率が1％を切り，2013年末の大規模な反政権の騒動からクーデターまでの政治混乱もあって継続的な低成長に陥っている。

　2014年にクーデターによって登場したプラユットの軍事政権のもとでは，インフラ需要への対応など国内の公共投資・民間投資，あるいは観光業を加味した新しい成長戦略が模索され，その後，成長率は若干の回復基調にある。

1-2. 銀行部門への政策基調―― 金融セクター・マスタープラン――

（1）金融セクター・マスタープラン フェーズ I

　アジア金融危機の直後には，金融機関の監督機能や市場規制の不備がその原因とされ，世銀・IMF支援時の趣意書に基づく政策協定に金融規制の整備・強化が盛り込まれた。それによる金融再編は2000年代初頭まで集中的に進められた。それを踏まえて，タクシン政権下の2004年に，より発展的な金融改革をめざして「金融セクター・マスタープラン」（フェーズI）が公表され，包括的な金融改革が開始された。このプランは，全体として金融市場の健全な発展と金融サービスの向上・効率化を目的とし，それに地方および都市部低所得者の金融アクセスの拡充や，金融機関の免許制度の再構成による新規参入の促進などの要素を加味したものとなっている。

　マスタープランは，一面では，タクシン政権の経済政策を反映した基調が色濃く反映されていた。すなわち，商業銀行との政治的な対立や証券市場を重視する姿勢も反映して，金融部門における寡占的な構造を抑制する要素が強かった。一般的な方向性として競争強化に資する新しい金融商品や金融革新が奨励される一方で，金融資本の傘下に複数の金融機関をもつことを禁じる「金融コングロマリット規制」（あるいは"One-Presence Policy"）の方針が示されている。さらには，より小規模な個人・中小企業に金融サービスに特化する「リテール銀行」の業態を新設して参入を奨励し，国内商業銀行の免許の外国銀行への付与が許可されるようになった。外国銀行支店の許可条件も緩和され，従来の1支店のみの認可を原則とする「支店」に加え，5店舗まで開設できる「現地法人」も認められることになった（三重野・布田 2010）。

　マスタープランにおけるこうした改革は，2007年の金融関連法規の総合的な改正によって制度的に完成する。この年に中央銀行法が改正されてその独立性が強化され，従来の商業銀行法とその他金融機関関連の複数の法規を統合した「金融機関法」が施行された[1]。

1）「金融機関法」では，商業銀行に対する自己資本比率規制がより明確・詳細に定められている。また，同じ年に「預金保険機構設置法」によって預金保険制度の

（2）金融セクター・マスタープラン フェーズⅡ

2009年には第2段階として，14年までを実施期間とするマスタープランのフェーズⅡが公表される。このプランでは金融システム全体の業務コストの削減による効率化，外資を含めた新規参入の促進による銀行セクターの競争を強化，金融サービスへのアクセスの一層の改善，決済システムや情報管理機関や法整備などの金融インフラの強化などが強調された。

マスタープラン・フェーズⅡの実施過程では，不良債権や不稼働資産のさらなる処理や，金融規制の簡素化を通じた商業銀行の経営コストの圧縮に重点が置かれてきた（油谷 2014）。また，市場競争の強化を目的として，外資の参入が積極的に奨励されている[2]。外国金融機関の支店数やATMの設置に対する規制も緩和され，「支店」認可の外国銀行支店には最大3つの店舗が，「現地法人」のそれには最大20の支店店舗と20カ所までのATMの設置が認められるようになった。

このように，タイで2段階のマスタープランによって進められた金融システムの将来設計の基調は，外国銀行と地場資本の新規参入を通じた商業銀行部門の競争環境の強化にあった。外資への規制緩和が大胆に進められるとともに，非銀行系の地場資本による新規銀行の設立が促進され，とくに新設された「リテール銀行」は地場資本にとって銀行業への新規参入の入り口となった。そして一方で「金融コングロマリット」規制にみられるように，伝統的な大手銀行の寡占的な支配力を抑制する性格ももっていた。同じ時期に伝統的な大規模銀行同士の合併を推進して，商業銀行の集約と大規模化を目指したマレーシアやインドネシアあるいは日本などの先進国の潮流とは，異なる特徴である。

充実も図られている。
2) マスタープラン・フェーズⅡでは，そのほかに金融インフラ面で，リスク管理の強化を支援することを目的とする国家信用情報局（National Credit Bureau: NCB）の拡充を通じた金融システムの機能向上への取組みも唱えられている。

1-3. 商業銀行部門の再編

(1) 金融危機直後の再編

　上のような数次にわたる制度改変の結果，現在の商業銀行部門の業態と所有の区分はとても複雑である。ここではまずそれを整理する。国内での一般的な区分に従えば，タイ国内の商業銀行部門に分類される銀行の業態は，伝統的な「国内商業銀行」（英語表記でCommercial bank incorporated in Thailand, またはThai CB）に加え，2000年代に新設された「リテール銀行」および2013年に制度が導入された「外国銀行子会社」の2つの業態をあわせた19行（2016年末時点）を指す。金融危機以降，上の狭義の「国内商業銀行」そのものにおいて外国銀行の参入が起きている。このほかに総資産で1割程度を占める海外銀行の支店（英語表記でCommercial bank incorporated abroad, またはForeign CB）が11行存在する。したがって外国銀行には，外国銀行資本による「国内商業銀行」，「外国銀行支店」，そして新しい業態である「外国銀行子会社」の3類型がある。本章の観察は基本的に「外国銀行支店」を除くタイ国内の商業銀行部門19行に絞っている[3]。

　表6-1は，アジア金融危機後2016年末時点の商業銀行19行の基本情報と沿革の概要をまとめたものである。アジア金融危機以前，タイでは1960年代までに形成された15～16行の地場商業銀行の体制が概ね維持されてきた。上位行5行は「金融コングロマリット」とも呼ばれるビジネス・グループの中核会社であり，中位行には不動産・建設を中核事業とするグループに属する銀行が多く含まれた。下位行には規模の小さい所有家族の資産管理会社的な機能に留まるものも含まれていた。この表では，これら1960年代以来の体制で存在した15の商業銀行と現在の商業銀行19行の対応関係を明示するために，1997年末時点で存在した銀行の基本情報を併記している。また，アジア金融危機以後に設立されたものの現存しない銀行の情報もあわせてまとめている（**表6-1**網掛けの欄は存在しない銀行）。

3）「リテール銀行」はすべて地場資本である。

表6-1　国内商業銀行19行の基本情報と沿革

商業銀行 (2016年末時点)		総資産 2016年末	過去に営業していた銀行		総資産 1997年末		設立年/ 免許種類	外資比率				備考
	順位	10億 バーツ/ シェア	1998年 以降 設立	1998年以前からの 操業	順位	10億 バーツ/ シェア		2001	2005	2010	2014	
Bangkok Bank	1	2,838.8 16.0%		Bangkok Bank	1	1,408.6 18.9%	国内商業銀行	31.8	48.3	43.6	35.0	
Siam Commercial Bank	2	2,661.4 15.0%		Siam Commercial Bank	4	717.2 9.6%	国内商業銀行	27.5	55.5	34.8	37.3	
Krung Thai Bank	3	2,614.8 14.8%		Krung Thai Bank	3	792.7 10.7%	国内商業銀行	1.2	19.9	21.9	18.1	
				First Bangkok City Bank	7	316.1 4.2%	国内商業銀行					1998.2.国 有 化。1998.11. Krung Thai Bank に吸収合 併
				Bangkok Bank of Commerce	11	190.6 2.6%	国内商業銀行					1998.2.に国有化。1998.11.に Krung Thai Bank に吸収合 併
Kasikorn Bank	4	2,467.3 13.9%		Thai Farmers Bank	2	795.4 10.7%	国内商業銀行	33.6	49.0	49.0	49.0	1995.公的資金注入 2003.現名称に変更
Bank of Ayudhya	5	1806.0 10.2%		Bank of Ayudhya	5	493.9 6.6%	国内商業銀行	11.1	32.0	47.2	72.1	2013.三菱UFJグループに よって買収完了
			GM Money Retail Bank				2006 リテール銀行					2006.1.　金融会社を母体に設 立。2007. Ayudaya Bank に 資産を譲渡
			AIG Retail Bank				2007 リテール銀行					2007.3.　金融会社を母体に設 立。2009. Ayudaya Bank に 資産を譲渡
Thanacha- rt Bank	6	906.9 5.1%					2002 国内商業銀行			0.0	49.0	49.0	2002.4.金融会社を母体に設 立。07.12.Bank of Nova Scotia か ら24.99%出 資（09.12.に 48.99%へ）
				Siam City Bank	8	272.1 3.7%		0.0	25.0	0.0		1998.一時国有化。2002. Siam City Bank を 吸 収。2011. Thanachart Bank に吸収合併
				Bangkok Metropolitan Bank	9	190.6 2.6%		0.0				1998.一時国有化。2002. Siam City Bank に吸収合併
TMB Bank	7	820.2 4.6%		Thai Military Bank	6	389.5 5.2%	国内商業銀行	0.9	39.6	36.1	39.0	2004.DBS Thai Danu Bank と タイ産業金融公社を吸収合併。 2005.現名称に変更.DBSからの 出資が残る
				Thai Danu Bank	12	130.3 1.8%		58.1				1999.DBS（シンガポール）に よって買収（DBS Thai Danu Bank）。2004. Thai Military Bank に吸収
United Overseas Bank (Thai. UOB)	8	451.7 2.5%					2005 国内商業銀行	78.8	98.6	99.7	99.7	2005. Bank of Asia を ABM-AMRO（オ ラ ン ダ） から買収。同時に UOB Rad- anasin Bank を吸収合併
				Radanasin Bank			1998 国内商業銀行	75.0				1998.金 融 会 社 Radanasin Asia を母体に設立し、Leam Thong Bank を吸収。1999に UOB（シンガポール）によっ て 買 収（UOB Radanasin Bank）
				Bank of Asia	10	156.6 2.1%						1998.ABN-AMRO（オ ラ ン ダ）によって買収。2005. UOBに売却
				Leam Thong Bank	15	51.9 0.7%						1998.一時国有化を経て Rad- anasin Bank に吸収合併

表6-1　国内商業銀行19行の基本情報と沿革（続き）

商業銀行 (2016年末時点)	総資産 2016年末	過去に営業していた銀行		総資産 1997年末	設立年/ 免許種類	外資比率	備考
CIMB Bank (Thai) 9	295.6 1.7%				2009 国内商業銀行	0.0　6.0　97.2　96.8	2009. CIMB（マレーシア）がBank Thaiを買収して参入
		Bank Thai			1998 国内商業銀行	75.0	1998. Union Bank of Bangkokと複数の金融会社の優良資産を統合して設立
			Union Bank of Bangkok 14	73.3 1.0%			一時国有化を経て1998. Bank Thaiとして再編
TISCO Bank 10	260.7 1.5%				2004 国内商業銀行	44.5　48.2　48.1	金融会社を母体に新規参入。2009.非上場化
Kiatnakin Bank 11	220.3 1.2%				2005 国内商業銀行	42.9　43.2　32.7	2005.10 金融会社を母体に設立
Land and Houses Bank 12	209.7 1.2%				2005 国内商業銀行	N.A. N.A.　0.9 N.A. N.A.	2005.12 不動産会社を母体に「リテール銀行」として設立。2011に国内商業銀行に転換
Standard Chartered 13 (Thai)	190.7 1.1%				2005 国内商業銀行	75.0　99.8　100.0　100.0	2005.10 S.C.Nakornthon BankとS.C.Bタイ支店を統合して現名称に変更
			Nakornthon Bank 11	73.8 1.0%			国有化を経て、1999.7にStandard Chartered Bank（英国）が買収（S.C.Nakornthon Bank）
Industrial and Commercial Bank Of China (Thai) 14	158.2 0.9%				2010 国内商業銀行	38.4　97.4　97.7	2010.8 ACL Bankを買収して参入
		ACL Bank			2005		2005.12 金融会社を母体に新規参入。2010.8 ICBCが買収
Bank of China 15	43.9 0.2%				2014 外国銀行子会社		2013.「外国銀行子会社」公募に申請して設立
Thai Credit Retail Bank 16	39.3 0.2%				2006 リテール銀行	N.A. N.A.	2006.1 Thai Life Insurance系のクレジットフォンシアを母体に設立
ANZ Bank (Thai) 17	28.2 0.2%				2015 外国銀行子会社		外国銀行支店から転換
Sumitomo Mitsui Trust Bank (Thai) 18	23.3 0.2%				2015 外国銀行子会社		外国銀行支店から転換
Mega International Commercial Bank 19	20.2 0.1%				2005 国内商業銀行	N.A. N.A. N.A.	International Commercial Bank of China（台湾）が2005に外国銀行支店から昇格。06に名称変更

（出所）　各種資料より著者作成。
（注）　総資産シェアは外国銀行支店を含む商業銀行総資産に占めるシェア。網掛けは現存しない商業銀行。

　表は，アジア金融危機からの20年の間に，タイの商業銀行部門の担い手に大きな変動が断続的にあったことを示している。最初の変動はいうまでもなく金融危機の後の金融再編である。1999年までに存在した15行のうち

中下位の9行までもが破綻し，一部は一時国有化を経て，4行が外資（米国，オランダ，シンガポール2件）によって買収され，他は国営商業のKrung Thai Bankや比較的健全な金融会社を母体に設立された3つの新銀行（Thanachart Bank, Radanasin Bank, Bank Thai）に吸収された。資産順位6位までの大規模行は経営主体としては生き残ったが，その多くに公的な資本注入が行われ，また広汎な外資の出資を受けた。その後2002～2003年頃が商業銀行部門の最悪期であり，46.7%にまで達した不良債権の処理を中心に再建への取組みが進められた。

（2）2004年前後（マスタープラン フェーズI）

次の変動の時期は，金融セクター・マスタープラン（フェーズI）の前後の2000年代半ばである。既に述べたとおり，2001年2月に登場して成長の回復と不良債権処理に一定の目処を立てたタクシン政権は，このマスタープランを通じて，バーゼルIIに対応した健全性規制の強化や，金融機関の競争環境促進による金融システムの安定性と効率性の向上を図った。具体的な政策方針として，健全性の向上のための資本強化，そして競争の促進のための寡占規制や新規参入が進められていく。

強化される健全性規制への対応として，資本強化の必要性が高まっていたにもかかわらず，マスタープランが大規模銀行の寡占に抑制的な基調をもっていたことを背景として，上位5行の間での合併再編はまったく起きなかった。この時期に上位行がとった行動は，大規模な外国資本の出資を受け入れることによる資本増強である。Bangkok Bank, Siam Commercial Bank, Kasikorn Bankといった最有力行で，この時期に軒並み外資の出資比率が高まり，50%近くあるいはそれ以上になっている。

同時期に中堅の銀行層では，外国銀行の直接的な買収による参入の動きが生じている。破綻した中小銀行を吸収するかたちで発足した新銀行のRadanasin BankとBank Thaiは2000年代後半までにそれぞれシンガポールのUnited Overseas Bank（UOB），マレーシアのCIMBによって買収されている。UOBのケースはRadanasin Bankと当初ABM-AMRO（オランダ）が買収したBank of Asiaの譲渡を受けて統合する形での大がかりな参入

である。Thanachart Bank も2011年にカナダの Bank of Nova Scotia から
の出資を49％に積み増して，合弁型の銀行にシフトしている。「国内商業
銀行」のTMBも2005年にシンガポールの Development Bank of Singa-
pore（DBS）の保有する DBS Thai Danu Bank を吸収した関係から，DBS
との資本関係を維持している。さらに，旧 Nakornthon Bank を買収した
Standard Chartered Bank は2005年に母体銀行の「外国銀行支店」を吸収
統合して，「国内商業銀行」に一本化している。

　競争環境の強化については，2004年から2006年にかけて，商業銀行4行
（TISCO, Kiatnakin, ACL, Mega International Commercial），リテール銀行4
行（Land and House, Thai Credit, GM Money, AIG）という大量の新規参入
が実現した。Mega International Commercial Bank（台湾）を除き，これ
らは金融会社やクレジット・フォンシアなどとして操業していた国内資本
による設立であり，新しい下位銀行層を形成していく。ただし，リテール
銀行4行のうち2つはごく短期間で撤退して上位行の Bank of Ayudhya
に吸収され，1行（Land and Houses Bank）は後に「国内商業銀行」に転
換している。このことから，政策が企図した「リテール銀行」はその期待
された機能を実現したとは言い難い。

　このように2000年代半ばから後半にかけては，マスタープラン（フェー
ズI）の健全性規制強化への対応として，大規模な上位行層では外資の出
資を受入れ，中堅銀行層では外国銀行による経営権の取得が進み，商業銀
行部門全体にわたって外資のプレゼンスが極めて強まっている。結果とし
ていえば，危機直後の対応で，Bank Thai や Radanasin Bank のような新
銀行設立によって国内資本で試みた再編のスキームは，その後のバーゼル
規制への対応強化でより分厚い資本の積み増しの必要が生じたこともあっ
て，その限界に直面し，海外資本の受入れを進める方向に政策転換せざる
を得なくなったとみることができよう。競争環境の強化の観点からみて
も，新規参入の促進によって銀行数が増加したものの，その後撤退するも
のもあり，残ったものも小規模な銀行として存在するに留まっている。

（3）2010年代（マスタープラン フェーズⅡ）

　金融セクター・マスタープラン（フェーズⅡ）の実施期間には，商業銀行部門の海外銀行の参入が一層深化する。この時期の外資参入にはそれまでの欧米・シンガポール系の資本ではなく，中国，日本，大洋州などアジア太平洋地域の銀行によるものであることに特徴がある。まず，2010年に中国のIndustrial and Commercial Bank of China（中国工商銀行）がACL Bankを買収する形で国内銀行免許を所得する。つづいて，マスタープランで示した「外国銀行子会社」の新設方針に基づいて2013 年に申請公募が行われ，日本の三井住友信託銀行，中国のBank of China（中国銀行）および豪＝ニュージーランドのANZ Bankがこれに応じて，2015年までにこの免許の下に操業を開始している。これとは別に日本の三菱UFJ銀行は，上位行Ayudhaya Bankを2013年に買収する形で参入している[4]。

　マスタープランの2つのフェーズで実施された2004年から2014年までの間に，このようにして銀行部門全般で外資のプレゼンスがより強まることとなり，また外国銀行・地場資本双方による新規参入によって小規模層のテールの長い分布が形成された。

第2節　新規参入と競争環境

2-1．商業銀行の市場構造

　以上のようにアジア金融危機以来激変してきた商業銀行部門が現在どのような状態に帰着しているかについて，2016年末の情報をもとに整理しよう。2007年までの旧商業銀行法では，商業銀行は「国内商業銀行」と外国銀行支店の2種類の免許で区別され，外国銀行に「国内商業銀行」の免許が与えられることはほとんどなく，出資も強い規制下にあった。危機後の再編の過程で，多数の外国銀行が国内商業銀行を買収する形で免許を取得

---

[4]　2019年2月の段階では，Ayudhya Bankとしての形を残したままの子会社化である。ただし，これに伴い外国銀行支店としてのBank of Tokyo‐Mitsubishi UFJはその後廃止された。

し，「国内商業銀行」のなかにも外国銀行が出資するものが増加している。その後，マスタープランのもとで金融制度の改革が進んだ2000年代半ば以降，海外銀行に新規の国内商業銀行や「リテール銀行」の免許が与えられる事例も出ている。さらに2013年代には「外国銀行子会社」の業態免許による3行の参入が加わっている。このような業態の違いに留意したい。

　表6-2は，商業銀行を，株主の情報をあわせて一覧にまとめたものである。伝統的な「国内商業銀行」，新業態の「リテール銀行」，「外国銀行子会社」の3つの業態免許からなる商業銀行部門とは別に，商業銀行部門全体には「外国銀行支店」の免許をもつ銀行がある。これらは**表6-3**に1997年と2016年で比較できるように別途まとめられている。また，これら商業銀行部門すべての分類別の銀行数，総資産の情報が**表6-4**に集計されている。

　表6-2をみると，（外国銀行支店を除く）商業銀行に外国銀行のプレゼンスが大きいことが改めて確認できる。株式に占める外資比率と筆頭株主の属性から判断すると，商業銀行部門には外資が広汎に入り込み，従来指摘されてきた財閥・家族所有の構造から変容しているようにもみえる。19行のうち明らかに外国銀行のコントロールの下にある銀行は9行（網掛け）であり，ほかにThanachart BankはカナダのBank of Nova Scoticaとの合弁銀行の性格をもっている。TMBもシンガポールのDBSからの出資を受けている。ただし，残る国内資本の9行には，所有構造に顕著な変化が起きているとまでは見受けられない。Bangkok BankとKiatnakin Bankを除く7行は筆頭株主の保有比率が高く，所有の集中がかなり残り，Krung Thai Bankにおける政府系基金や，Siam Commercial Bankにおける王室財産管理局など，伝統的な株主も健在である。しかしながら，これらの銀行の外資の出資比率もかなり高い。このことから，商業銀行の所有構造は所有権が市場に広く分散したというよりは，伝統的な株主の支配から彼らと海外資本との拮抗に移行し，経営体制はそのもとで両者の提携による経営に移行したと，とらえるべきだろう。なお，新しく参入した小規模行のTISCO BankやLand and Houses Bankは母体となる財閥持株会社の100％所有となっている。外国銀行資本の9行は比較的規模の大きい層に

表6-2　国内商業銀行の所有形態

	総資産(2016年末)		筆頭株主			外資比率	地場/外資	所有類型	金融機関法上の分類 2016年末時点
名前	100万バーツ	シェア(%)	名前	シェア(%)	国籍				
1 Bangkok Bank	2838.8	17.7	First Eagle Investment Management	2.7	米国	35.0	地場	分散所有	商業銀行
2 Siam Commercial Bank	2614.8	16.3	Bureau of The Crown Property and Group	23.7	タイ	37.3	地場	財閥・家族所有	商業銀行
3 Krung Thai Bank	2661.4	16.6	Financial Institutions Development Fund	55.1	タイ(政府)	18.1	地場	政府所有	商業銀行
4 Kasikornbank	2467.3	15.4	Thai Nvdr	26.8	タイ	49.0	地場	財閥・家族所有	商業銀行
5 Bank of Ayudhya	1806.0	11.2	Mitsubishi UFJ Financial Group	72.1	日本	72.1	外資	外国銀行資本	商業銀行
6 Thanachart Bank	906.9	5.6	Thanachart Capital	51.0	タイ	49.0	地場	財閥・家族所有	商業銀行
7 TMB Bank	820.2	5.1	Ministry of Finance, Thailand	26.0	タイ(政府)	39.0	地場	政府所有	商業銀行
8 United Overseas Bank (Thai)	451.7	2.8	United Overseas Bank	99.7	シンガポール	99.7	外資	外国銀行資本	商業銀行
9 CIMB Thai Bank	295.6	1.8	Cimb Group	96.8	マレーシア	96.8	外資	外国銀行資本	商業銀行
10 TISCO Bank	260.7	1.6	Tisco Financial Group	100.0	タイ	0.0	地場	財閥・家族所有	商業銀行
11 Kiatnakin Bank	220.3	1.4	Credit Suisse AG	8.5	スイス	32.7	地場	分散所有	商業銀行
12 Land and Houses Bank	209.7	1.3	LH Financial Group	100.0	タイ	0.9	地場	財閥・家族所有	商業銀行
13 Standard Chartered (Thai)	190.7	1.2	Standard Chartered Bank	100.0	英国	100.0	外資	外国銀行資本	商業銀行
14 Industrial and Commercial Bank Of China (Thai)	158.2	1.0	Industrial & Commercial Bank Of China	97.7	中国	97.7	外資	外国銀行資本	商業銀行
15 Bank of China (Thai)	43.9	0.3	Bank Of China	100.0	中国	100.0	外資	外国銀行資本	外国銀行子会社
16 Thai Credit Retail Bank	39.3	0.2	Thai Life Insurance Group	n.a.	タイ	0.0	地場	財閥・家族所有	リテール銀行
17 ANZ Bank (Thai)	29.3	0.2	N.A.		豪・NZ	N.A.	外資	外国銀行所有	外国銀行子会社
18 Sumitomo-Mitsui-Trust-Thai-Bank	28.2	0.2	N.A.		日本	N.A.	外資	外国銀行資本	外国銀行子会社
19 Mega International Commercial Bank	20.2	0.1	Mega Financial Holding Company	100.0	台湾	100.0	外資	外国銀行資本	商業銀行

(出所)　Commercial Banks in Thailand. Bangkok Bank 各年版。BankScope, Bureau van Dijk. 他各種資料より著者作成。

(注)　網掛けは外資銀行。

153

表6-3　外国銀行支店の総資産（1997年，2016年）

1997年末	総資産 100万バーツ	シェア (%)	2016年末	総資産 100万バーツ	シェア (%)
1 The Bank of Tokyo-Mitsubishi	215,216	2.9	1 Mizuho Corporate Bank	547,642	3.1
2 The Sumitomo Bank	188,086	2.5	2 Sumitomo Mitsui Banking Corporation	334,672	1.9
3 The Dai-Ichi Kangyo Bank	172,581	2.3	3 The Hong Kong and Shanghai Banking Corporation	225,163	1.3
4 The Sakura Bank	159,065	2.1	4 Citibank	214,056	1.2
5 The Industrial Bank of Japan	128,983	1.7	5 Deutsche Bank	80,304	0.5
6 Citibank	119,539	1.6	6 BNP Paribas	65,612	0.4
7 The Hong Kong and Shanghai Banking Corporation	85,438	1.1	7 Bank of America	62,537	0.3
8 Standard Chartered Bank	53,262	0.7	8 JP Morgan Chase Bank	59,067	0.3
9 Deutsche Bank	50,610	0.7	9 Oversea-Chinese Banking Corporation	38,478	0.2
10 The Chase Manhattan Bank	50,585	0.7	10 RHB Bank Berhad	19,248	0.1
11 Bank of America	43,076	0.6	11 Indian Overseas Bank	11,328	0.1
12 ABN-AMRO Bank	38,646	0.5			
13 Dresdner Bank	36,858	0.5			
14 Credit Agricole Indosuez	33,298	0.4			
15 Banque Nationale de Paris	27,396	0.4			
16 Oversea-Chinese Banking Corporation	9,736	0.1			
17 Bank of China	7,854	0.1			
18 The International Commercial Bank of China	7,701	0.1			
19 Bharat Overseas Bank	3,538	0.0			
20 Sime Bank Berhad	2,186	0.0			
合計	1,433,654	19.3		1,658,107	9.4

（出所）　Commercial Banks in Thailand, Bangkok Bank 各年版。
（注）　総資産シェアの分母は，外国銀行支店を含む商業銀行総資産。

表6-4　商業銀行部門の業態・所有別分布

			1997			2016		
			銀行数	総資産		銀行数	総資産	
				10億バーツ	シェア(%)		10億バーツ	シェア(%)
(1)	国内商業銀行	(2)+(3)	15	6,008	80.7	15	16,063	90.9
(2)	うち地場銀行資本					6	13,039	73.8
(3)	うち外国銀行資本					9	3,024	17.1
(4)	リテール銀行(地場資本)					1	0.04	0.000
(5)	外国銀行子会社					3	0.10	0.001
(6)	商業銀行部門合計	(1)+(4)+(5)	15	6,008	80.7	19	16,063	90.9
(7)	海外銀行支店		20	1,434	19.3	11	1,602	9.1
(8)	商業銀行全部門総計	(6)+(7)	35	7,442		30	17,665	
(9)	外国銀行総計	(3)+(5)+(7)	20	1,434	19.3	23	4,626	26.2
(10)	上位4行の合計		5	3,714	49.9	5	11,894	67.3

（出所）　Commercial Banks in Thailand, Bangkok Bank 各年版。
（注）　(3) は表6-2の外資銀行（網掛け）9行。

日本，シンガポール，マレーシアの銀行があり，小規模層に中国（2行），日本，台湾，英国，豪＝ニュージーランドの銀行が位置している。

　一方，外国銀行支店は2016年末現在で11店舗あり，上の商業銀行をあわせた総資産の9.3％を占める存在である。**表6-3**によると，そのうちの上位のMizuho Corporate BankやSumitomo Mitsui Banking Corporationはそれぞれ3.1％，1.9％のシェアを占め，商業銀行の中堅層（8位と10位）に比肩している。1997年末では19店舗で19.3％を占めており，この20年の過程で外国銀行支店の業態の比重は低くなっていることがわかる。主に欧米系銀行の撤退と，アジア系銀行の国内の商業銀行への業態転換の双方に起因するものである。なお，**表6-2**に示される商業銀行部門の外国資本にアジア系の銀行が多いのに対して，欧米系銀行は**表6-3**の支店の業態に残る傾向が強く，アジア系銀行の商業銀行部門への参入がより積極的であることが示唆される。

　以上の情報を集計した**表6-4**によって，所有と競争環境の変化を鳥瞰

しておこう。外資のプレゼンスについて1997年と2016年の間を比較するには，2016年時点では外国銀行が3つの業態に分散していることに注意しなければならない。「国内商業銀行」（（3）の行）や「外国銀行子会社」（（5）の行，ただし極めて小さい）における外国銀行の比重は，1997年には0％だったものが，2016年には17.1％と激増しているようにみえる。ただし，そのなかには外国銀行支店（（7）行目）からの転換もあるはずなので，比較すべきはそれを加えた（9）の行である。その比率は1997年の19.3％から2016年には26.2％への伸びに留まっている。外資のプレゼンスは増えてはいるものの，動きとしては外資の業態転換の要素もかなり大きかったことになる。

　最後に，競争環境の一指標として，**表6-4**の（10）行目によって上位4行の集中度をみると，1997年に資産シェアは49.9％であったものが，2016年には67.3％に上昇している。それに加えて注目すべきは上位行同士の格差縮小である。**表6-1**に戻って上位各行の資産シェアの変化を比較すると，1997年末では最上位のBangkok Bankの比重が圧倒的（18.9％）で，2位以下はその半分程度以下の規模であったものが，2016年になると上位4行がほぼ拮抗する状況に変化していることが確認できる。

　総括すれば以下のようである。この20年の間，中堅以下の商業銀行層への外国銀行の直接的な参入が進んだ。その一方で，上位行層には外資の出資による規模の拡大があった。結果として上位行への資産の集中が進み，外国銀行をはじめとした新規参入銀行との格差が強まる一方，上位行では寡占的でありながら相互に激しく競合する市場が形成されている。

2-2．競争環境の変化

　外資のプレゼンスの高まりと競争環境の変化について詳しくみてみよう。**図6-2**は商業銀行の外資の比重の過去30年ほどの変化を，3つの指標で描いたものである。（1）はここまでの整理にしたがって，商業銀行（外国銀行支店を除く）の総資産に占める外国銀行9行の比率を示している。一方，（2）はすべての商業銀行（外国銀行支店を除く）について，外

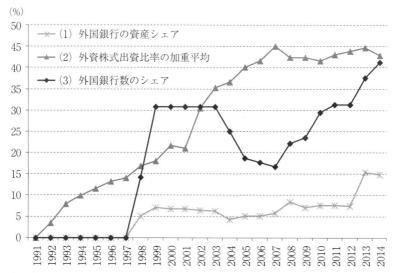

図6-2　商業銀行の外資の比重の推移

（出所）　Commercial Banks in Thailand, Bangkok Bank 各年版, Stock Exchange of Thailand, BankScope, Bureau van Dijk.

国銀行，海外の個人・機関投資者などからなる海外資本の出資比率を総資産で加重平均して作成した指標である。また，（3）に（1）の類似指標として銀行数における外国銀行の比率が示されている。

　（1）と（3）によって外国銀行の比率をみると，アジア金融危機直後の1997年に国内商業銀行の買収に，「国内商業銀行」の免許をもつ外国銀行がはじめて現れる。2000年代前半には資産の比重で5〜7％，数の比率で30％程度を維持するが，2004〜2006年頃に一旦低下する。数の比率が急減する一方で総資産比率の低下は限定的であるが，これは既述のようにこの時期マスタープラン・フェーズⅠによる商業銀行やリテール銀行の新規設立に地場資本からの多数の参入があったからである。いずれも規模は小さいので比率は数では急減するが，総資産においてはあまり影響がない。外国銀行の比率の低下は一時的に留まり，その後2008年頃から上昇に転じる。とくに，マスタープラン・フェーズⅡによって「外国銀行子会社」の新業態による参入と，三菱UFJ銀行による大手Bank of Ayudhayaの買収

が進む2013年以降は総資産比率で15％に達する。

　国内商業銀行の全体の外国人株主のプレゼンスを示す「海外資本出資比率」（（2））は，1990年代の金融自由化の頃からすでに上昇していることがわかる。金融危機後の数年は伸び率が少し鈍るが，2001年頃から回復し，マスタープラン・フェーズIが始まる2005年頃までの間に40〜45％に達し，その後その水準を安定して維持する。銀行部門全体で外資の出資比率が半分近くに及んでいるのは驚くべき事実だが，これは中堅銀行が外資に買収されてきたこと以上に，資産シェアで圧倒的な比重を占める上位行において揃って海外からの出資を高い比率で受け入れていることを反映している。再び**表6-1**を確認すれば2005年にはSiam Commercial Bank は外資比率が過半を超え，Bangkok BankやKasikon Bankでも2005年以降は40％台後半の外資比率で推移している。

　興味深いことは，2段階のマスタープランを通じて競争環境の強化が強調され，そのための国内・国外からの新規参入が促進されたにもかかわらず，市場の競争環境の強化が明瞭にみられるとは言い難い，という点である。**図6-3**には，総資産についてのHerfindahl-Hirschman Index（HHI）と上位行4行のシェアの推移が示されている。HHIの動きは非常に小さく，全体としての市場集中度には大きな変化がないことがわかる。前述のように上位行のなかでは，2000年代以降Bangkok Bankの圧倒的なシェアが低下し，上位4行が同等の規模で並ぶという変化がみられている。しかし，それら4行全体の商業銀行部門に占めるシェアに注目すると，金融自由化が進んだ1990年代前半には上位行のシェアが低下する傾向が顕著だったものが，アジア金融危機の後，中下位行の経営破綻もあって上位4行のシェアは1999年で67％程度の水準に上昇している。その後，中堅銀行層における外国銀行の買収・参入などで資産の集中は低下し，新規参入の集中した2005年には60％を切る水準にまで低下する。しかし，その後は，外国銀行が継続的に新規参入してきたにもかかわらず上昇し，2014年には60％台後半の高い水準に至っている。マスタープランのもとで新規参入した銀行は極めて小規模であったので，競争促進には直接的な効果は薄かったとみられる。それを上回る勢いで，上位行の資本増強や資産の集中が生じてきた

図6-3　商業銀行の競争環境の推移

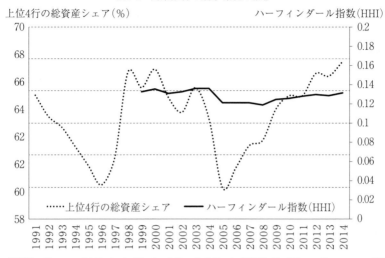

上位4行の総資産シェア（%）　　　　　　　　　ハーフィンダール指数（HHI）

（出所）　Commercial Banks in Thailand, Bangkok Bank 各年版, BankScope, Bureau van Dijk.

ことになる。

　海外銀行を中心とする新規参入による競争環境の強化は，その政策の狙い通りには実現していない。金融再編の過程でUOBやCIMBなど積極的に参入した海外銀行は中堅銀行層の一角を形成し，それ以外の新規参入はごく小規模な銀行層を形成したに留まっている。その一方で，伝統的な上位行は，経営権を維持しつつ，さまざまな形態での外資からの出資を受け入れて，強化される健全性規制に対応しながら，揃って寡占的な地位を維持・強化してきたのである。

第3節　商業銀行のビジネスモデルの変容

3-1.　マクロ金融環境の変化

　ここでは，商業銀行部門における外国銀行の参入と海外資本の出資の激増と，寡占化の進行による競争的環境の後退という環境変化のなかで，商

業銀行の経営やビジネスモデルはどのように変容してきたのか吟味する。まず，商業銀行の経営環境としてのマクロの金融環境について確認しよう。

　図 6 - 4 は，2015年までのタイの金融収支の推移を対内・対外の別にまとめたものである。同図の②には経常収支と外貨準備の推移があわせて示されている。対内の金融収支からは1997年のアジア金融危機のあと，銀行信用を中心とする資本流出が2003年頃まで続き，2004年頃からポートフォリオ投資や銀行信用の流入が再開されてきたことがわかる。その後，2008年の世界金融危機を経て，世界的な金融緩和のもとで流入額が拡大している。ただし，直接投資は金融危機直後から一貫して増加基調で続いており，2000年代を通じてタイで輸出製造業の集積が進んだことを裏打ちしている。

　このことは，**図 6 - 4** ②の対外の金融収支の図に併記された経常収支の動きと符合している。アジア金融危機を境に，経常収支黒字がほぼ常態化し，経常取引側から資産の流入がはじまっている。これにより貯蓄超過の構造が定着し，外貨準備が大きく積み上がっていく。アジア金融危機に直面した際の国際資本フローに対する脆弱性は，2000年代終わりまでには克服されている。そのような経済環境のもとで，2000年代半ば以降は，タイからの対外投資が急増していることも注目される。対外投資は直接投資を中心にすでに対内投資と均衡する水準にまで達している。タイは従来型の直接投資の受け入れ国の性格を残しつつも，一面で資本輸出国に転じているのである。

　このようなマクロ金融構造の変化は，経常収支黒字のもとでの消費の高度化や対外投資に関連する金融サービスの需要を高めたと考えられ，商業銀行にもそうした分野に対応する余地が広がってきた可能性を指摘しうる。

　図 6 - 5 は，国内商業銀行の総資産規模と預貸率の推移を示したものである。商業銀行の資産はアジア金融危機の後，2000年まで減少したのち増加に転じ，その後は順調に拡大してきた。この時期，成長率も回復してGDPも増加しているので，それへの比率で総資産をみると，概ね2007年までは，銀行部門の回復は経済全体の回復のスピードを下回り，その後はむしろ銀行資産の増加速度が経済成長率を上回って，金融深化が再開して

図6-4　グロス（対外／対内の別）の金融収支の推移

①対内（海外から当該国へ）

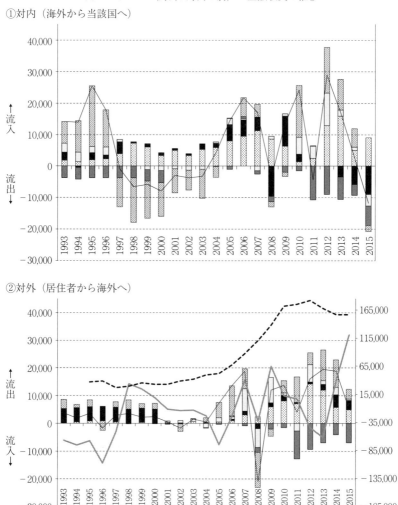

②対外（居住者から海外へ）

凡例		
直接投資	株式投資	債券投資
デリバティブ投資	その他投資（銀行信用）	フロー計
経常収支	外貨準備（右軸）	

（出所）　Balance of Payments Statistics, IMF および Key Indicators, ADB.
（単位）　左軸，右軸とも100万米ドル。

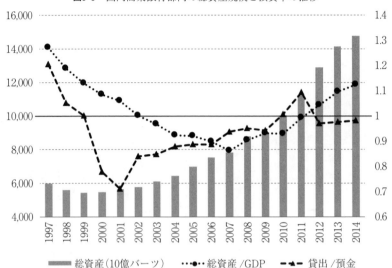

図6-5　国内商業銀行部門の総資産規模と預貸率の推移

凡例：
■ 総資産（10億バーツ）　　●‥‥ 総資産/GDP　　▲‑‑ 貸出/預金

（出所）　Commercial Banks in Thailand, Bangkok Bank 各年版, BankScope, Bureau van Dijk.

きたことがわかる。

　銀行の預貸率（貸出／預金）は危機以降，急速に低下して2001年に底を迎え，その後徐々に上昇して，2010年に至ってほぼ１にまで回復する。アジア金融危機のあとの再編の過程で，商業銀行には貸出機能の低下による金融仲介の深刻な後退があったことは明らかだが，2000年代にはその機能が徐々に回復する一方で，貯蓄超過を背景とした預金の増加によって分母も増加し，それが預貸率の回復を緩やかにしたものと考えられる。このことは，2000年代を通じて商業銀行は常に貸出の資金には余裕があり，経営の課題は与信側の機能強化と資金需要の開拓であったことを示唆している。

　3-2．収益構造——収入構造と経営効率——

　図6-6は，商業銀行部門の産業別貸出行動の推移をまとめたものである。2000年代以降は，意外なことに実物経済での回復を牽引した製造業へ

図6-6　商業銀行部門の産業別貸出比率の推移

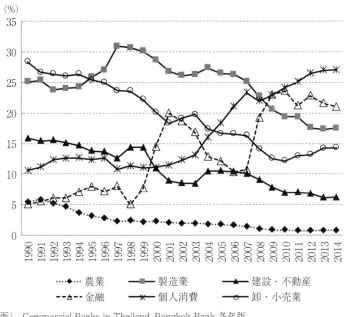

（出所）　Commercial Banks in Thailand, Bangkok Bank 各年版。

　の貸出が傾向的に低下し，商業銀行の貸出先の重点が個人消費や金融部門に急速にシフトしている。同時に，商業銀行の伝統的な貸出先としてきた商業（卸・小売業）への貸出比率も急速に低下してきたことも注目に値する。

　製造業や商業への貸出比率の低下は，商業銀行業の貸出業務におけるビジネスモデルが大きく変容してきたことを意味している。個人消費や金融部門への貸出の増加には，長期にわたる金融再編過程と関係した商業銀行・金融会社自体の資金需要への対応もあったものと考えられるが，より重要で具体的な要素としては，国内消費の高度化を背景とするクレジットカード事業や携帯電話・自動車などへの割賦金融，あるいは住宅ローンなどに収益機会を見いだしてきたからであると解釈できる。例えば，2012年にインラック政権が，所得再分配政策の一部として導入した「ファース

ト・カー・ポリシー」では，低所得者で自動車を初めて購入する人に対する税金還付による補助金が導入されたが，こうした時期には，とくに「個人消費」の項目が急増している。

　図6-7は商業銀行の収益構造の推移を示したものである。2002年に収益がプラスに転換し，この時期に金融再編が一服して，経営が安定し，新たに事業を展開していく局面に入っていることがわかる。その事業の展開では，非利子収入の比率が大きく変動していないことから，商業銀行は一貫して利子収入を中心とした貸出業務を柱としてきたことがわかる。商業銀行は，手数料業務などの投資銀行型のビジネスモデルの性格を強めたわけではなく，あくまで貸出業務のなかの顧客層シフトに過ぎなかったことになる。ただし，2010年代には非利子収益が少し上昇する傾向をみせている。

　貸出スプレッドは，2000年代前半には1.4〜2.0％の水準だったが，2000年代半ば以降は2.8〜3.2％と大きく拡大する。一方で経費率は2.0〜2.5％

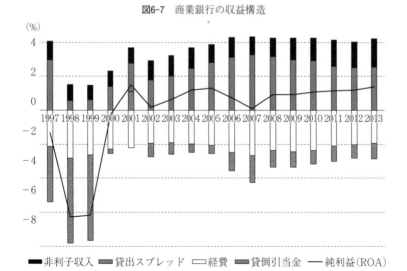

図6-7　商業銀行の収益構造

（出所）　BankScope, Bureau van Dijk.
（注）　すべて総資産比。

と，この期間ほぼ一定で推移している。マスタープランの眼目は，健全性規制の強化に加えて，参入促進による競争環境の実現にあった。すでにみたように2000年後半には政策意図と異なって大手銀行による寡占性が強まるが，スプレッドの拡大はほぼこれに平行して生じており，それが競争的環境の低下によるものである可能性を否定できない[5]。他方，海外銀行の参入や外資出資への規制緩和は，海外銀行の優れた技術の導入も期待されたものであったが，経費率の変動が乏しいことは，海外銀行の参入は金融についての技術進歩を目立った形では実現していないことを示唆している。

3-3. 外国銀行の競争力

　それでは，新しく登場した外国資本の国内商業銀行はどのような収益構造をもってきたのか。それは伝統的な地場銀行とは異なる技術を持ってきたのか否か。外資の大規模な参入がなぜ，競争環境の改善に結びつかなかったのか。最後にこの点を観察したい。

　図6-8は，総資産利益率（ROA）について4つの上位行（Bangkok, Siam Commercial, Krugthai, Kasikon）の平均，中堅層の代表的な外国銀行であるUOBとCIMB（2009年以降），小規模ながら早い時期に参入した外国銀行であるStandard Chartered Bank，そしてUOBと同規模の地場銀行であるTMBの4つを観察したものである[6]。上位行平均とUOB, CIMBを比較すれば一貫して上位行の収益率が高く，その差は1％前後もある。Standard Chartered BankはUOBやCIMBよりも収益率が高いが，それでもほとんどの年で上位行より0.5％程度低い。ただ，同じ地場銀行でもTMBと比較すれば，UOBとの差は明確ではなく，Standard Chartered Bankはさらに規模が小さいにもかかわらず収益率は比較的高いことがわ

---

5)　ただし，**図6-6**でみたように，2000年代後半には商業銀行の産業別貸出に大きな変化がみられるため，スプレッドの上昇は，こうしたビジネスモデルの変化に対応している可能性もある。

6)　TMBの2007年の決算は大幅な赤字で，大きな外れ値となっている。2004年に行った2つの銀行の吸収合併の会計処理によるものと推測される。そのため図からは省略している（以後も同様）。

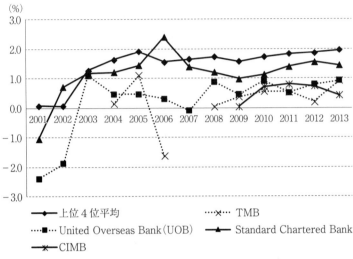

図6-8　主要銀行の総資産利益率の推移

(%)

凡例：
——◆—— 上位4位平均　　　　　　　····×···· TMB
····■···· United Overseas Bank(UOB)　——▲—— Standard Chartered Bank
——✳—— CIMB

（出所）　BankScope, Bureau van Dijk.

かる。

　この簡単な観察からは，外国銀行が地場銀行と比較して高い収益率を上げていることの証左は得られず，むしろ規模による収益率の格差があることが示唆される。そのなかでは，小規模行にすぎないStandard Chartered Bankが相対的に高い収益をあげてきているとみることはできそうである。

　図6-9と**図6-10**はそれぞれ同じ銀行の経費率と貸出スプレッドの推移を比較したものである。**図6-9**の経費率では，上位行がUOB，CIMB，そしてTMBより概ね低く，大規模行がコスト有意にあることが示唆されている。ただし，Standard Chartered Bankの経費率は上位行に比肩する程度に低い。UOBの経費率には，同規模の地場銀行のTMBとくらべても顕著な差がなく，CIMBは明らかにより高いことから，これらの外国銀行に外国銀行独自の技術優位があるとは考えにくい。むしろ外国銀行3行については，参入や再編のある直後には経費率が比較的高く，その後低減しており，参入・再編後に統合のためのコストがかかっていることが示唆される。外国銀行は経費面ではむしろ不利な要素が多いようである。ただ，

図6-9　主要商業銀行の経費率（経費／総資産）の推移

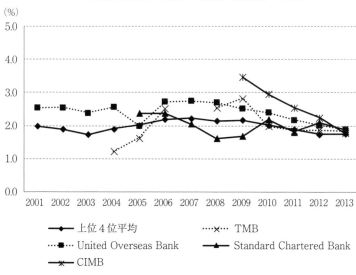

（出所）　BankScope, Bureau van Dijk.

図6-10　主要商業銀行の利ざや（スプレッド）の推移

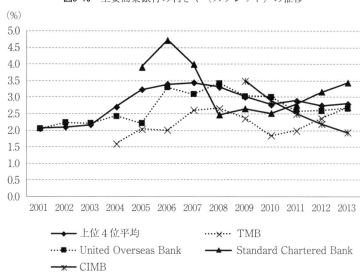

（出所）　BankScope, Bureau van Dijk.

2013年には経費の格差が縮小してきているようにも見受けられる。

　図6-10をみると，収入面の利ざや（スプレッド）には，まず国内銀行で上位行とTMBの間に明らかな格差がみられる。資産や支店網の規模の格差に起因するより低い資金調達コスト，あるいは寡占的な立場による収益機会の維持によって，上位行は貸出業務でより高い収益性を維持していると考えられる。そうしたなかでは，UOBとStandard Chartered Bankの金利スプレッドは概ねTMBよりも高く，上位行と同等あるいは時期によっては上回っており，貸出業務の側面では上位行に引けを取らない競争力をもっていることがわかる。

　以上の観察を総合すると，依然として商業銀行の経営には技術的特性として「規模の経済」が働く構造があると考えられる。そのなかで，2000年代以降参入した外国銀行は，概して収入面では同規模の地場銀行よりも優位にある一方で，経費面ではさほどの優位性をもっていない。その結果，同規模の地場銀行よりも収益性は高いものの，地場上位行にはおよばない状況にある。また，外国銀行は参入の初期の時期にかかる経費面でのコストが大きい。途上国の銀行部門に関して，海外銀行への参入規制緩和を支持する多くの文献で，金融技術の移転による技術進歩の可能性が指摘されているが（例えば，Claessens, Demirgüç-Kunt and Huizinga 2001），タイではこのことは特段当てはまっていないことになる。

おわりに

　アジア金融危機で1960年代以来の伝統的な地場商業銀行の体制が崩壊したタイの商業銀行部門では，2000～2010年代を通じて危機からの金融再編，新規参入による競争の促進，資本増強による健全性の改善などを課題として金融改革が推進された。この過程で，中小銀行層を中心として伝統的な商業銀行の多くが消滅し，それらの買収によって参入した外国銀行資本のプレゼンスが高まり，また地場資本・外国銀行資本双方からの参入で小規模な商業銀行が数多く設立された。一方，上位行層では伝統的な所有者が

経営権を維持しながら，海外資本からの出資を大きく受け入れて，両者の
拮抗・提携のもとで環境の変化に対応してきた。

その結果，2010年代末までに商業銀行部門では地場資本の上位行による
強い寡占性と相互の競合，アジア系の外国銀行を中心とした中堅銀行層の
形成，さらに群小の地場・外国銀行の資本の銀行の登場という形で，新し
い階層構造が形成された。新しく登場した外国銀行は地場銀行に対する技
術優位を有しているとは言い難く，規模の格差もあって上位行に競合でき
るほどの収益性を実現できていない。

ビジネスモデルの観点からみると，この間どの階層の銀行も貸出業務を
中心とする伝統的な商業銀行の性格を大きくは変えてはおらず，顧客層を
従来の商業や製造業から国内消費部門に大きくシフトさせている程度の変
容しかみせていない。

現在までに再構成されたタイの商業銀行部門は，結局，その間に政府の
金融改革が意図した競争環境の強化という政策意図を明確に実現したとは
言い難い。ただ，この構造は商業銀行が政府の政策の制約を受けつつ，一
方で変化する国際的な金融環境に対応した結果であったともいえる。上位
行の足並みを揃えた大規模化が東南アジア域内での銀行業の競争環境のな
かでどのような意味をもつのか，中堅銀行層を形成する外国銀行が東南ア
ジアの規模のネットワークのなかでどのような機能を発揮するのか，ある
いは小規模な新規参入銀行が今後どのような成長をみせるのか。こうした
点の吟味・解釈を今後も続ける必要があるだろう。

〔参考文献〕

〈日本語文献〉
油谷博司 2014.「タイの金融システム改革の進展――資金循環からの評価」中央大学
　　『商学論纂』55（3）.
末廣昭編 2002.『タイの制度改革と企業再編』アジア経済研究所.
堂前豊 2007.「預金調達を通じた金融深化と金融抑制」『創価経営論集』31（3）.
三重野文晴・猪口真大 2013.「2000 年代 ASEAN4 カ国の金融環境とグローバル金融危
　　機」国宗浩三・井上武編『世界的景気後退と開発途上国の政策対応』アジア経済
　　研究所.

三重野文晴・布田功治 2010.「タイ金融システムの変容——国際経済環境の変化，成長戦略との相互関係」国宗浩三編『国際資金移動と東アジア新興国の経済構造変化』研究双書 591 アジア経済研究所.

〈外国語文献〉

Claessens, S., A. Demirgüç-Kunt and H. Huizinga 2001. "How Does Foreign Entry Affect Domestic Banking Markets?" *Journal of Banking & Finance* 25 (5): 891-911.

Chantapong, S. 2005. "Comparative Study of Domestic and Foreign Bank Performance in Thailand: The Regression Analysis." *Economic Change and Restructuring* 38 (1): 63-83.

Leightner, Jonathan E. and C.A. Knox Lovell 1998. "The Impact of Financial Liberalization on the Performance of Thai Banks." *Journal of Economics and Business* 50 (2): 115-131.

Lu, Wanxue and Fumiharu Mieno 2018. "Impact of Foreign Entry in Banking Sector: Case of Thailand during 1999-2014." ASEAN Research Platform Working Paper Series No.1, CSEAS, February 2018.

Sussangkarn, Chalongphob and Pakorn Vichyanond 2007. "Ten Years After the Financial Crisis in Thailand: What Has Been Learned or Not Learned." *Asian Economic Policy Review* 2 (1): 100-118.

Walter, A. 2008. *Governing Finance:East Asia's Adoption of International Standards.* Ithaca: Cornell University Press.

第7章

フィリピン商業銀行部門の現状

柏原 千英

はじめに

　本章では，2000年代以降におけるフィリピンのユニバーサル／商業銀行（以下，とくに明記しないかぎり，この2カテゴリを商業銀行部門とする）を対象とし，中央銀行（Bangko Sentral ng Pilipinas: BSP）による金融部門改革への対応と各行の事業展開，その相違による収益性の差異，近年進展している通信技術の向上と金融デジタル・サービスの提供が将来的に国内商業銀行部門にもたらす可能性のある影響を概観，考察する。

　1997年に発生したアジア経済・金融危機を契機とする国内大手－中位行間の大規模な業界再編や，外資系金融機関による買収，あるいは相次ぐ国内市場への新規参入などを経験していない同国では，国内資本商業銀行の金融仲介におけるシェアが圧倒的に大きい状況が続いている。しかし，その財務状況は2000年代半ばまで不安定で，不良債権処理を目的とする法整備や施策の実効性が現れるまでに約10年を要した。BSPがユニバーサル／商業銀行，政府系銀行，貯蓄銀行，地方／協同組合銀行の主要4部門の認可カテゴリ[1]別に公表する不良債権比率をみると，2001年に19.8％まで悪

---

1) これら認可カテゴリは，一般銀行法が定める事業内容や，同法にもとづきBSPが定める払込済資本金の規模によって区分されている。本文中の順に払込済資本

化した商業銀行部門の同比率が安定的に10％以下となったのは2005年，銀行部門全体では2007年であった（2018年末は1.8％）。2010年代入ってからは平均5％台半ばの経済成長率を維持し，預貸率は危機以前には及ばないものの，民主化以降初めて海外格付会社から投資適格のレーティングを得た2013年以降には回復基調をみせている。

　この間，国内行は財務基盤を改善しつつ，市場シェアの拡大や提供するサービスの多様化など，それぞれの志向する事業展開に沿う改革を行ってきた。また，中央銀行も外資参入の誘引と国際的な会計・監督基準の適用を行い，通信技術の発達などを梃子に，金融サービスの高度化や国内における普遍化を企図して施策を実施している。現時点までの商業銀行部門の変容を整理するとともに，近年の事例を通じて今後を展望したい。

　本章の構成は以下のとおりである。第1節では，2000年代以降の商業銀行部門をおもに物理的な規模と預金・貸出業務からなる金融仲介から概観する。第2節では，監督機関であるBSPの同時期における金融部門改革の方向性と，その成果をまとめる。第3節では，国内商業銀行の事業展開について特徴をまとめるとともに，いくつかの経営指標を用いて事業展開パターン別に比較を行う。第4節では，とくに2010年代に入ってから観察される金融サービスの多様化をめぐる事例と，それらが今後国内商業銀行部門にもたらす影響について述べる。最後に本章をまとめる。

第1節　2000年以降の商業銀行部門

1-1．プレーヤーの構成とシェア

　表7-1は，2018年9月末時点におけるフィリピン国内で営業する外資系も含めたカテゴリ別の銀行数とおもなネットワークの概要である。比較

　金額は大きく，資金調達手段や展開できる事業内容・融資先に関する制約は小さい。証券・保険業などの金融他業種を傘下に所有することが可能な点において，ユニバーサル銀行免許は他カテゴリと大きく異なる。本文中では，地方／協同組合銀行を地方銀行あるいは地銀と省略する。

表7-1　カテゴリ別銀行数とネットワークの概要（各年9月末）

	BSP認可数		首都圏に本店		支店等オフィス		ATM設置台数		e-バンキング有		上場数
	2010	2018	2010	2018	2010	2018	2006	2018	2006	2018	2018
ユニバーサル銀行	19	21	19	21	4058	6028	5597	17278	33	39	11
うち　国内民間	(11)	(12)			(3624)	(5424)	(4777)	(14441)			(11)
政府系	(3)	(3)			(422)	(598)	(800)	(2822)			0
外資系	(5)	(6)			(12)	(6)	(20)	(15)			0
商業銀行	19	23	18	22	519	538	406	993			1
うち　国内民間	(8)	(5)			(442)	(431)	(325)	(817)			
外資系子会社	(2)	(2)			(72)	(103)	(60)	(131)			0
外資系支店	(9)	(16)			(5)	(4)	(21)	(45)			0
貯蓄銀行	73	54	34	22	1322	2508	602	2285	11	25	3
地方銀行	653	476	23	17	2077	2500	73	599			
うち　地方銀行	(613)	(451)			(1958)	(2370)	n.a.	(573)	29	14	0
協同組合銀行	(40)	(25)			(119)	(130)	n.a.	(26)			
合計	764	574	94	82	7,976	11,574	6,678	21,155	73	78	15

（出所）　BSPおよびフィリピン証券取引所（Philippine Stock Exchange: PSE）ウェブサイトより作成。

（注）　政府系ユニバーサル銀行にはイスラム金融専業銀行1行，地方銀行にはマイクロ・ファイナンス銀行を含む。
　　　支店等オフィス数は本店を除く。上場数は2018年末時点。
　　　国内資本銀行のうち企業グループに属する銀行は，ユニバーサル銀行8，商業銀行3。
　　　2018年9月末時点で，外国銀行等の駐在員事務所の登記・BSP認可数は13（インド1，日本2，韓国2，シンガポール3，台湾1，スイス2，米国2）。

のため，BSPが同一基準で公表している現時点で最も古いデータも示した。国内民間ユニバーサル銀行が，外資系を含む他の銀行カテゴリを規模で圧倒していることがわかる。また，最大手から中堅に相当する商業銀行部門のほぼ全行が，マニラ首都圏を本店所在地としている。各行の規模にはばらつきがあるものの，国内行で全国に平均200〜250支店を展開しているが，2016年時点での全国1634市町のカバレッジ率が23％（Tetangco 2016）であることから，首都圏や大都市で集中的に支店網を展開していることが推測できる。
　国内行のシェアは，資産規模でも銀行部門全体の大部を占めている。

2018年末時点の全銀行部門総資産額約16兆9200億ペソ（約30兆円）のうち，約15兆4200億ペソと9割を商業銀行部門が占め，うち国内行のシェアは約83％（ユニバーサル銀行65.7％，商業銀行3.0％，政府系銀行14.2％）にのぼるが，外資系商業銀行部門の同シェアは7.5％（ユニバーサル銀行2.8％，商業銀行4.7％）にとどまっている。

　国内英字紙 *Business World* が集計・公表する総収入額（Gross Revenue）上位1000企業ランキング[2]には，2001年版で国内行26，外資行22の計48行，2016年版では国内行29，外資行7の計36行が名を連ねる。これらのうち，上位20行を資産規模順に整理したものが**表7-2**であるが，2016年版の上位5行は2010年以降同じ順位を維持しており，時系列では上位4行への規模的集中が強まる傾向をみせている。支店網の拡大や資産・営業規模でも国内最大手行への集中が強まった結果として，外資行のプレゼンスはこの20年間で相対的に低下したといえる。

　フィリピン国内で外資行のプレゼンスが小さいのは，2000年代半ばまでは，2000年以降に実施された株式所有率規制の緩和・撤廃による外資参入が時限措置をともなう段階的な実施であったために時宜を逸し，国内行の買収例が限定的であったこと，不良債権処理のための特別目的会社（SPV）法制の立法と施行に時間を要し，迅速な対応に出遅れたことが影響している。さらに2000年代後半には，おもに欧米系外資行がリーマン・ショックを契機にフィリピン国内での事業展開を見直した結果，リテール／プライベート部門を含むバンキングや信託事業等の売却により撤退したことなどが要因として挙げられる。

1-2．経済状況と金融深化，与信傾向

　つぎに，国内経済状況と商業銀行部門の与信傾向を概観しよう。**図7-1**には，2000年以前からの傾向も示すため，1986年のコラソン・アキ

---

2) BusinessWorld（2001）および執筆時点での最新版であるBusinessWorld（2016）による。各企業の前年度財務報告書にもとづくため，ランキングは2000年と2015年の内容を示している。

表7-2　総収入および総資産による上位20行（2000年および2015年）

	2015	免許区分	Top1000順位	総収入（10億ペソ）	総資産（10億ペソ）
1	BDO Unibank, Inc.	L/UB	11	98.7	1,930.0
2	Metropolitan Bank & Trust Co. (Metrobank)	L/UB	20	54.2	1,431.7
3	Land Bank of the Philippines	G/UB	31	43.9	1,203.1
4	Bank of the Philippine Islands (BPI)	L/UB	22	52.9	1,198.5
5	Philippine National Bank	L/UB	58	27.7	627.2
6	Security Bank Corp.	L/UB	82	23.2	531.8
7	Development Bank of the Philippines	G/UB	92	21.5	504.1
8	China Banking Corp.	L/UB	105	19.3	457.7
9	Rizal Commercial Banking Corp. (RCBC)	L/UB	94	20.7	442.7
10	Union Bank of the Philippines	L/UB	136	15.0	374.2
11	BPI Family Savings Bank, Inc. (BPI子会社)	L/SMB	124	16.6	267.5
12	United Coconut Planters Bank	L/UB	189	11.9	259.0
13	East West Banking Corp.	L/UB	119	17.4	226.6
14	Citibank, N.A.	F/KB	102	19.4	205.1
15	HSBC (Philippine Branch)	F/UB	206	10.9	171.3
16	Philippine Savings Bank (Metrobank子会社)	L/SMB	165	13.5	169.3
17	Asia United Bank Corp.	L/UB	313	6.9	151.2
18	Bank of Commerce	L/KB	386	5.6	137.5
19	Philtrust Bank (Philippine Trust Co.)	L/UB	366	5.9	136.1
20	RCBC Savings Bank (RCBC子会社)	L/SMB	323	6.6	92.9

	2000	免許区分	Top1000順位	総収入（10億ペソ）	総資産（10億ペソ）
1	Metropolitan Bank & Trust Co.	L/UB	16	36.6	368.3
2	Bank of the Philippine Islands	L/UB	18	29.1	339.6
3	Equitable PCI Bank, Inc.	L/UB	25	20.8	272.3
4	Citibank, N.A.	F/KB	24	21.0	221.4
5	Land Bank of the Philippines	G/UB	31	16.8	211.0
6	Philippine National Bank	L/UB	28	19.4	192.6
7	Development Bank of the Philippines	G/UB	43	11.8	173.6
8	Rizal Commercial Banking Corp.	L/UB	55	9.4	128.2
9	Allied Banking Corp.	L/UB	64	8.4	94.9
10	China Banking Corp.	L/UB	69	7.6	66.0
11	HSBC (Philippine Branch)	F/UB	77	6.9	64.1
12	BDO Unibank, Inc.	L/UB	101	5.2	62.1
13	Global Business Bank, Inc.	L/KB	124	4.4	57.8
14	Prudential Bank	F/KB	150	3.7	49.9
15	Union Bank of the Philippines	L/UB	120	4.6	49.8
16	BPI Family Savings Bank, Inc. (BPI子会社)	L/SMB	99	5.4	48.3
17	Philippine Bank of Communications	L/KB	154	3.6	37.4
18	Standard Chartered Bank	F/KB	162	3.5	33.2
19	Philtrust Bank (Philippine Trust Co.)	L/UB	188	2.9	27.4
20	Planters Development Bank	L/PDB	252	2.2	20.2

（出所）BusinessWorld（2001；2016）より作成。

（注）免許区分の記号：L-国内資本，G-政府系，F-外資系

UB-ユニバーサル銀行，KB-商業銀行，SMB-貯蓄抵当銀行，PDB-民間開発銀行。

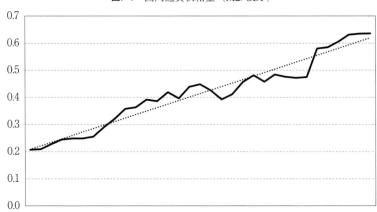

図7-1 国内通貨供給量（M2/GDP）

（出所） BSPウェブサイトより筆者作成。

ノ政権発足から2016年までの数値を用いた国内通貨供給量（M2／GDP）の推移を示した。民主化後の政治・行政制度の改編期下での供給量の減少を経て，1990年代中盤の財政・経済の好況期からアジア経済危機直後の金融緩和による増加，アロヨ政権後期（2004～2010年）の財政難とリーマン・ショックの発生，および前アキノ政権初期の緊縮財政による減少，同政権による公共インフラ投資の増加と好況（同増加）の影響が明確に見て取れるが，長期的には一貫して増加傾向にあることがわかる。

　図7-2には，図7-1と同期間の預金・融資額GDP比（％）の推移を示した。民主化後の経済再建期を経た1990年代初頭から，1994～1996年度は財政均衡を達成し，海外直接投資の流入も好調だったラモス政権期（1992～1998年）には，両GDP比は順調に拡大していた。しかし1997年のアジア経済危機発生後は，投資適格のレーティングを得た2013年まで，約15年にわたる停滞を示している。前アキノ政権期からの好況を反映して預金額GDP比は継続して伸長しているが，融資額GDP比は2018年末でも50％台半ばであり，金額ベースでは伸長していても，経済の回復に融資活動が追

図7-2　預金・融資残高対GDP比

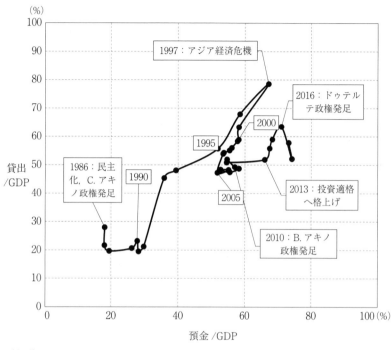

（出所）　BSPおよびPSAウェブサイトより筆者作成。

いついていない状況が観察できる。税制改革による税収増，および公共投資・社会政策の維持と拡充を目指すドゥテルテ政権の任期も残り 2 年弱となるため，アジア経済危機発生直前のレベルにまで回復するには，さらに年月が必要になるかもしれない。

　金額ベースでは，預金は2001〜2017年の間に約 2 兆ペソから11兆7300億ペソ超へと約 6 倍に，融資は 2 兆ペソ弱から 8 兆ペソ強へと約 4 倍になったが，預金・融資残高ともに約90％が商業銀行部門に集中している。**図7 - 3 および図 7 - 4** では，これらを両残高の上位 3 地方とそれ以外に分けて 3 年毎に示している。商業銀行部門では預金受入の約70％と融資の約90％を首都圏で行っており，人口（約15％）やGDPに占める割合（約40％）

図7-3　地域別預金残高

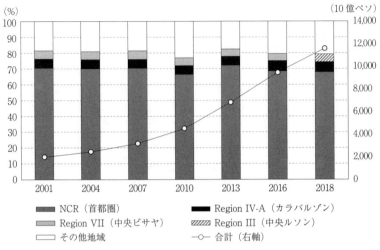

（出所）　図7-1に同じ。

図7-4　地域別融資残高

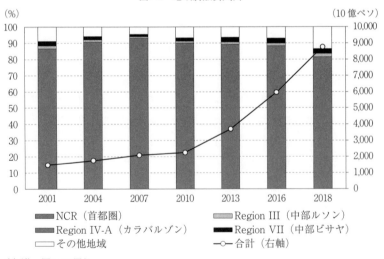

（出所）　図7-1に同じ。

178

図7-5　商業銀行部門の産業別・家計向け融資残高

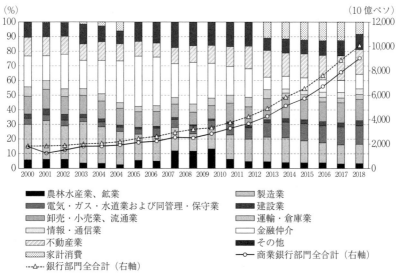

■ 農林水産業、鉱業　　　　　　　　　　□ 製造業
■ 電気・ガス・水道業および同管理・保守業　■ 建設業
▨ 卸売・小売業、流通業　　　　　　　　▨ 運輸・倉庫業
□ 情報・通信業　　　　　　　　　　　　□ 金融仲介
▨ 不動産業　　　　　　　　　　　　　　■ その他
▨ 家計消費　　　　　　　　　　　　　—○— 商業銀行部門全合計（右軸）
--△-- 銀行部門全合計（右軸）

（出所）　図7-1に同じ。

以上に首都圏への極端な集中が観察できる[3]。

　さらに，産業別および家計向け融資残高の推移（**図 7 - 5**）[4]をみると，2000年代において融資額対GDP比が停滞する間に融資残高とその割合を顕著に伸ばしたのは，不動産業と家計消費融資，そして微増ながら卸売・

---

3)　地方振興を主要政策のひとつに掲げる現ドゥテルテ政権が2016年に発足して以降，非首都圏の融資残高伸び率は首都圏のそれを大きく上回る。**図 7 - 4**の直近2時点間における残高上位 3 地方以外で伸び率が最も高いのは，観光地や工業団地の開発が進む西部ビサヤ地方，首都圏近郊のカラバルソン地方，観光および米作地であるコルディリエラ地方。

4)　2013年からの「金融仲介」残高シェアの大幅な縮小は，インターバンク融資の減少によるものではない。BSPが産業融資への資金誘導を目的として，金融機関向け特別預金勘定（Special Deposit Account: SDA）の金利引き下げとSDA自体の廃止を2010〜2016年にかけて段階的に実施したためである。対「製造業」残高シェアの減少については，産業部門別の詳細は公開されていないが，BSPが半年毎に公表するReport on the Philippine Financial Systemでは，主要輸出産業である電子・電機を含む機械産業全般への継続的な融資残高が報告されている。

小売業，流通業である。これらは，首都圏や近郊都市での旺盛な居住・投資目的の住宅需要や，IT-BPM（Information Technology-Business Process Management）産業などの拡大によるオフィス建設の急増，都市部を中心とした消費活動の活発化を背景としている。また，2009年にリーマン・ショックへの対策として実施された「経済再生プラン」では，中央政府・国営企業によるインフラ・住宅建設等の公共投資を不動産融資規制や利害関係者取引規制から除外する措置が取られていたことも影響していよう。クレジットカード，自動車／オートバイ・ローン，一般消費融資からなる家計消費融資残高は2013年末に約4100億ペソだったが，2018年末では１兆ペソ超へと５年間で約2.4倍となった。直近数年間では自動車／オートバイ・ローンの増加が著しく，2018年末では家計消費融資の約50％を占めている。与信回収の確実性が期待できる成長産業と，好況とおもに大都市圏における個人所得水準の上昇を背景とし，担保取得が容易な家計消費融資への傾斜が観察できる。

　参考に，**図7-6**で直接・間接金融市場の規模をASEAN５カ国（インドネシア，マレーシア，フィリピン，シンガポール，タイ）で比較しよう。2000年と2016年末時点の①国内資本上場企業の株式時価総額（縦軸），②民間部門向け銀行融資（横軸），③社債発行残高（グラフ内の円の大きさ）について，それぞれGDP比を示している。フィリピンの直接・間接金融市場は５カ国では小規模だが，この２時点間で社債発行残高は約２億USドルから約60億USドルに増加し，伸び率では最大となっている[5]。これには，2000年代後半からの国内大手金融機関や有力企業グループ持株会社等による調達や，さらに2009〜2010年以降は，大手建設会社や不動産開発会社，あるいはそれら事業体を下部にもつ持株会社による発行が貢献している。上記業種以外ではインフラ関連や飲料，証券など，発行体52社（2019年8月末時点）のうちほとんどが国内大手企業グループに属する上場企業や政府系銀行や住宅公社であることから，大企業の資金調達手段と規模は，2000年代後半に整備されてきたといえよう。

---

5)　株式時価総／GDP比は2017年には92.6％，債券流通市場を運営するPhilippine Dealing Exchange Corp.によると，2017年末に社債発行残高は１兆ペソを超えた。

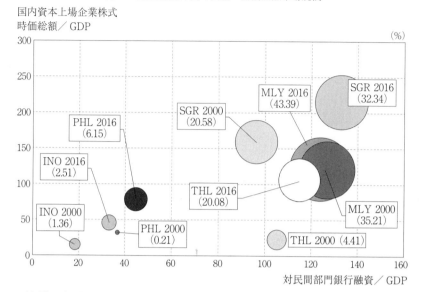

図7-6　ASEAN5カ国の直接・間接金融市場規模

（出所）　世界銀行データベースおよびAsian Bonds Onlineウェブサイトより筆者作成。
（注）　INO：インドネシア，MLY：マレーシア，PHL：フィリピン，SGR：シンガポール，
　　　THL：タイ。データラベル内の数値は，社債発行残高対GDP比。

第2節　中央銀行による銀行部門改革
——施策の方向性と成果——

　2000年以降におけるBSPの施策からは，国際機関等の銀行監督基準や
イニシアティブ，アジア域内の金融協力枠組みの進展も利用し，①外資
行・資本の参入促進，②財務基盤の改善と強化，③金融サービスへのアク
セスの向上，すなわち金融包摂を重視する方向性を読み取ることができ
る。以下では，相互に関連する各施策とその成果と停滞をまとめる。

2-1. 外資行・資本の参入誘致

アジア経済危機発生当初のエストラーダ政権（1998〜2001年）では，強力な外部改革圧力ともなり得るIMF・世界銀行融資を利用できず，また，財政上の制約から，不採算・経営悪化行への公的資金注入と政府・監督官庁主導の業界再編という直接的手段も不可能だった。間接的な施策として実施されたのは，部分的な参入規制緩和の断続的な実施と，監督規則等の整備による外資参入の誘致である。それにより，「多様な金融サービスの提供，グローバルな金融センターとの連携強化，および工業化の進展に必要な資金循環や投資チャネルとしてのダイナミックな銀行・金融システム」（1994年外資参入法，共和国法7721）の実現を目指した。

まず，2000年一般銀行法（共和国法8791）によって外資参入法の改正を行い，2007年までの時限つきながら，①外資1行が国内既存1行を100％所有する形での新規参入，②上限60％で既に所有している商業・貯蓄銀行への買増しによる100％所有，③外資行による6支店までの保有上限の緩和を実施した。これにより，おもに欧米資本の既所有行への株式買増しと100％所有3件，既存国内貯蓄・商業銀行の買収による新規参入5件が実現した[6]。参入条件緩和期間の終了後は，国際会計基準や，BSPが段階的に国内適用するBasel I（2000〜2003年）およびBasel II（2006〜2011年）の進捗に合わせ，おもに国内会計・報告規則の整備が行われた。

外資参入に関する規制緩和を次の段階に推し進めた要因は，2015年末に発足したASEAN経済共同体の一部を成す域内金融統合枠組みである。加盟国間の相互参入機会や各種規制の平準化が求められたため，2013年に，

---

6) 外資参入法自体にも適用期間10年，新規参入10行の制限が設定されており，共和国法8791は，1999年に認可上限に達して以降モラトリアム状態にあった同7721の外資参入を実質的に延長する性質をもつ。既所有行への追加投資を行ったのは，台湾資本Chinatrust（Phils.）Commercial Bank Corp.，マレーシア資本Maybank Philippines, Inc.，シンガポール資本United Overseas Bank of the Philippines。新規参入行はオランダ資本ABN AMRO Bank, Inc.，英資本HSBC Savings Bank（Phils.）, Inc.，米資本のAmerican Express Bank，Citibank Savings, Inc.およびGE Money Bank, Phils.の5行。（注10）にみるように，うち4行はその後，国内行BDO Unibank, Inc.に買収された。

①単体／複数のノンバンク／銀行／個人の外資による国内商業銀行部門，貯蓄・地方銀行への所有上限を国内法人／個人に準拠させ（共和国法10574），②外資行子会社の設立に必要な最低資本金やリスクベース資本に関する銀行監督マニュアルの内容を，同一カテゴリの国内行と同等の内容に変更した（Circular No. 822, Series of 2013）。2014年には，③外資参入法を再改正（共和国法10641）し，既存国内行の完全買収・譲渡および新規投資による外資100％所有での新銀行発足を恒常的に認め，払込済最低資本金額や抵当不動産の競売・入札への参加等諸条件，その他BSP監督上の諸条件も国内行と同等とした。また，外資参入法では先進国上位行の進出を想定していた非常に厳しい参入条件から，相手国の参入条件とのバランスを考慮した「互恵性」を重視する方針へと変更している。さらに，④全銀行カテゴリで計10段階であった払込済最低資本金額の規定を見直し，各カテゴリ内で4段階ずつ，計20段階に細分化した（**表7-3**）。これらの改正はBasel Ⅲのリスクベース自己資本基準に準拠するだけでなく，外資に多様なカテゴリ，支店網の規模や本店所在地での国内行取得を可能にした。現実には，ASEAN金融統合に合わせた参入条件の緩和・平等化による域内加盟国から国内への新規参入はなかったが，韓国系2行，台湾系1行の新規参入があり，日系1行が商業銀行からユニバーサル銀行へ免許変更を行った。翌年には，シンガポール系1行が駐在員事務所を開設した。

　ただし，これらの自由化による外資行参入は単独所有や子会社の設立で行われ，国内行との間に積極的な連携をもたらしてはいない。BSPが企図した銀行部門における「国内資本と外資が構築するダイナミックな銀行システム」の実現は，課題として残された。

2-2．財務基盤の強化

　2000年前後の国内行は，不良債権問題が最も深刻な時期にあった。バランスシートからの不良債権切り離しは金融危機の影響からの脱却における第一歩であるが，それを可能にする特別目的会社法（SPV法，共和国法9182）が成立・施行されたのは2002年である。BSP，財務省，証券取引委

表7-3 銀行カテゴリ別最低払込済資本金額

		新規定（2014年10月〜）	旧規定（本店所在地による）
ユニバーサル銀行	本店のみ	30億ペソ	一律49億5000万ペソ
	〜10支店	60億ペソ	
	11〜100支店	150億ペソ	
	101支店以上	200億ペソ	
商業銀行	本店のみ	20億ペソ	一律24億ペソ
	〜10支店	40億ペソ	
	11〜100支店	100億ペソ	
	101支店以上	150億ペソ	
貯蓄銀行	本店・首都圏 本店のみ	5億ペソ	[既存行] 首都圏：3億2500万ペソ 首都圏外：5200万ペソ [新規参入行] 首都圏：10億ペソ セブ市，ダバオ市：5億ペソ 首都圏外：2億5000万ペソ
	〜10支店	7億5000万ペソ	
	10〜50支店	10億ペソ	
	51支店以上	20億ペソ	
	本店・首都圏外 本店のみ	2億ペソ	
	〜10支店	3億ペソ	
	10〜50支店	4億ペソ	
	51支店以上	8億ペソ	
地方銀行および協同組合銀行	本店・首都圏 本店のみ	5000万ペソ	[既存行] 首都圏：2600万ペソ セブ市，ダバオ市：1300万ペソ 第1〜3級市および第1級町：650万ペソ 第2〜6級市および第2〜4級町：390万ペソ 第5〜6級町：260万ペソ [新規参入行] 首都圏：1億ペソ セブ市，ダバオ市：5000万ペソ 上記以外の市：2500万ペソ 第1〜4級町：1000万ペソ 第5〜6級町：500万ペソ
	〜10支店	7500万ペソ	
	10〜50支店	1億ペソ	
	51支店以上	2億ペソ	
	本店・首都圏外かつ第1〜3級町 本店のみ	2000万ペソ	
	〜10支店	3000万ペソ	
	10〜50支店	4000万ペソ	
	51支店以上	8000万ペソ	
	本店・首都圏外かつ第4〜6級町 本店のみ	1000万ペソ	
	〜10支店	1500万ペソ	
	10〜50支店	2000万ペソ	
	51支店以上	4000万ペソ	

（出所）　BSPウェブサイト（http://www.bsp.gov.ph/publications/media.asp?id=3561　2019年9月5日最終アクセス）より作成。

（注）　ユニバーサルおよび商業銀行の旧規定は1999年に制定，貯蓄銀行の旧規定は2010年，地方および協同組合銀行の旧規定は2011年制定。支店数は本店を含む。

員会ら監督機関が早急な処理を促進する目的で，SPVの設立・登記から債権・担保の取得，取引諸税の減免などインセンティブの適用申請までの期限を約1年に設定したため，SPVや銀行部門の要請を受けて2006年に改正SPV法（共和国法9343）が施行され，債権処理やインセンティブ付与期間の延長が実現した。改正法での期間満了までに計37SPVが設立されて財務改善が進んだ結果，2007年には全銀行部門の不良債権比率が10％未満に低下した（**図7-7**）。商業・貯蓄銀行部門の数値はさらに改善し，2011年以降の商業銀行部門は1～2％，貯蓄銀行部門は4～5％で安定しているが，地銀は10％台前半で推移している。2000年代後半に家計向け消費融資を拡大させたのは地銀も同様だが，消費金融の延滞・貸倒率は産業融資よりも高い。BSPは現時点で懸念を表してはいないが，金利動向や営業地域における景況など，各行で注視すべき要因はあろう。

　BSPはリスクベース自己資本基準を定めたBasel I～Ⅲも適用し，銀行部門全体の財務基盤を強化してきた。前項でもみた2014年制定の新払込済最低資本金額の改定内容（**表7-3**）では，とくに中規模以上の貯蓄銀行と地銀全般が底上げされており，BSPがこの規模およびカテゴリの財務基

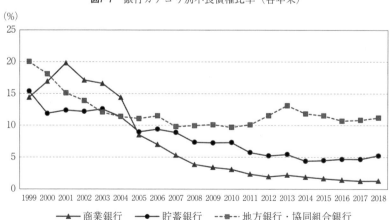

図7-7　銀行カテゴリ別不良債権比率（各年末）

（出所）　図7-1に同じ。
（注）　銀行間融資を除く。

盤強化を重視していることがわかる。

　国際基準の適用と並行して2000年代前半から，地銀5行以上の合併案件に対して，合意プロセスをまとめるコンサルティング料等の支援や税制上のインセンティブを付与するプログラム（Consolidation Program for Rural Banks: CPRB）[7] が制度化されている。これらの施策に誘発されたと考えられる地銀の合併や，なかには，最終的には国内ユニバーサル行の子会社となったが，約10年をかけて複数回の買収を行い，100以上の支店網をもつ地銀の発足例や，貯蓄銀行への認可カテゴリ「格上げ」を果たした事例もある。2000〜2016年に地銀が当事者となった合併・買収例は47件[8]，うちCPRBの対象となった地銀5行間以上の合併は1件，全案件の70％以上を占める地銀2行間は34件，商業・貯蓄銀による買収は7件である。2000年末時点の約800行から同2018年で約470行への機関数の減少は，BSPが段階的に実施してきた資本金増強策や健全性基準の改定に対応せず（できず），自主的に銀行免許を返上後に解散したり，営業停止命令を受けた事業清算の結果でもある。とくに非首都圏では，合併による経営基盤強化や物理的規模の拡大を志向しても，その前段階の候補を探すコストが負担となっている可能性がある。BSPが今後もCPRBをつうじて地銀間の合併を推進するのであれば，このような情報を提供するBSP自身や預金保険機構などの実効性を上げることも重要になろう。

2-3. 金融アクセスの普遍化

　フィリピン国内では，いまだ全市町の約3分の1に銀行が存在していな

---

7) 現在の第3次CPRBは2017年10月26日〜2019年10月26日が適用期間（BSP Circular Letter No. CL-2017-069）。存続行の自己資本比率12％以上など，要件を満たせば5行以下の合併にもインセンティブが適用されるようになり，第2次よりも条件が緩和されている。

8) BSP Circulars各年シリーズでの公表から集計。詳細についてはKashiwabara（2017）を参照。なお，これら合併・買収案件には，他行が清算／解散銀行の事業ポートフォリオや店舗等の固定資産の受け皿となり，事業継承した事例は含まれていない。

い。個人・組織を問わず，フォーマルな金融機関での一般的な口座開設には，雇用証明や財務・納税記録など複数の書類提出が要求されるため，銀行口座を持たない成人の割合も2017年末時点で77％とASEAN 5 カ国でも高い[9]。このような金融アクセス格差の縮小はBSPの長年の課題であり，「誰もが多様な金融商品とサービスに効率的にアクセスできる状態」と「全ての利用者の多様なニーズを，安全かつ持続可能で利便性が高く，手頃な価格で支えるデジタルな金融エコシステムの構築」（BSP 2015）を目標として，①資金授受から資産運用までを担う従来型チャネルとしての銀行と，②電子決済と通信デバイスを核とするデジタル化の 2 方向から，金融アクセスの普遍化に取り組んでいる。

　①に関しては，より大きな店舗網と多様なサービスを展開する金融機関へのアクセスを可能にするため，地銀やNGOが運営するマイクロ・ファイナンス向けに2011年に導入した小額預金（Micro Deposit）制度を改定し，2018年 1 月から「ベーシック預金口座」（Basic Deposit Account: BDA，**表7 - 4**）として全銀行に取扱いを開放した。一般的な預金口座より最低・最高預入額を少額にし，手続き条件の緩和により口座開設のハードルを下げる一方で，法定準備金の免除など口座管理コストを引き下げ，銀行側にも受入れるインセンティブを付与している。BDAと同時期の2017年12月に，金融アクセスを提供する銀行側の物理的負担を下げる制度も導入された。マイクロ・ファイナンス店舗や銀行の出張所制度を統合した「ブランチ・ライト」（Branch-lite）は，出店先の地域で需要の高いサービスに限定した小規模支店の開設を容認している。既存分を含むブランチ・ライトは2019年 6 月末時点で1997店舗を数え[10]，大手商業銀行傘下の地銀や

9）「2017年金融包摂サーベイ」（BSP 2018,7）による。世界銀行が主導する金融包摂プログラムへの参加国として実施した首都圏・ルソン・ビサヤ・ミンダナオ地域の15歳以上1200人へのアンケートにもとづく同サーベイは，口座非保有者の48％は余剰現金をもつが，口座を開設しない理由（複数回答可）上位 5 位までに，「（最低預入額に）十分な現金がない」（60％），「必要書類を提出できない」（18％），「口座維持費用が高い」（10％）があるとする。

10）BSP."Financial Inclusion in the Philippines Dashboard, as of Second Quarter 2019"による。

表7-4 ベーシック預金口座（Basic Deposit Account）の概要

口座開設者の利点	開設時預入金額	・100ペソ以下 （大手行の一般的な通常口座の最低預入額は2万ペソ）
	最高預入額	・5万ペソ以下（左記金額を超えた場合は通常口座に移行）
	口座維持最低預入額	・なし（一般的に，口座残高が最低預入額を下回ると数100〜1000ペソ／月程度を徴収する銀行が多い）
	休眠口座手数料	・なし
口座開設者／銀行の利点	提示する身分証明	・1種類，顧客情報収集手続きの簡素化
取扱銀行の利点	法定準備金	・なし（0％）

（出所）BSP Circular No. 992, Series of 2018より筆者作成。
（http://www.bsp.gov.ph/downloads/regulations/attachments/2018/c992.pdf，2019年9月5日最終アクセス）

貯蓄銀行なども首都圏外への出店に活用している。

②については，2000年代の初めから大手ユニバーサル銀行がオンライン取引やデビットカード等の導入を始め，次に各行による電子マネーの取扱いが開始された。また，銀行間決済システムが相互乗り入れによる連携を経て事実上のプラットフォーム化されるなど，現実のサービス提供が先行していた。BSPはこれら既存の各種電子取引を取りまとめて法制度と枠組みを整備し，小口決済システム（Automated Clearing House: ACH）運営者で構成される決済システム管理機構（Philippine Payment Management, Inc.）と共同で管理・監督する「全国小口決済システム」（National Retail Payment System: NRPS）を構築し，2018年1月に正式発足させた。電子決済プラットフォームを運営する企業，コンビニエンスストアや小売チェーン等のプラットフォーム加盟店と銀行を結び，銀行側が第三者代行決済機関として加盟店を認定することで，個人・組織間のいずれかに銀行口座がなくてもキャッシュレスでクロスボーダーを含む資金移動を可能にする。2013年には電子決済のシェアは全決済取引のわずか1％に過ぎなかったが，BSPはこれを2020年に20％まで引き上げることを目指している。現在，

NRPSには2システム[11]がBSPの認可を受けており，2019年11月末時点で両システムへの参加を含む約90行が加盟している。

第3節　国内商業銀行の事業展開と収益性

アジア経済危機対策として実行された外資参入は，内外資本の連携や商業銀行プレーヤーの地図を塗り替える効果はもたらさなかった。しかしこの間，国内行は①貯蓄・地方銀など国内中小規模行や，外資行あるいはその一部事業ポートフォリオの買収による規模的拡大，②先進国外資系企業・金融機関等との戦略的提携や，企業グループ内の所有構造改編による金融コングロマリットの形成，③情報技術との組み合わせによる，包括的金融サービスの展開や非首都圏を含むサービス提供基盤の整備が観察できる。本節では，これらを順に概観する。

3-1．買収／合併による物理的ネットワークの拡大

1-1．でみたように，国内商業銀行部門に預金・融資残高が集中しているのは，おもに大手ユニバーサル銀行が商業銀行や貯蓄銀・地銀など他行を買収し，首都圏や大都市を中心に支店網を拡張させたことが大きい。国内行だけでなく，アジア経済危機やリーマン・ショックを機に事業縮小，撤退する外資行のポートフォリオをも吸収し，支店網や資産規模を右肩上がりに拡大させてきた。2010年代に入ってさらに最大手国内ユニバーサル銀行への資産・収入の集中度が高まる傾向があるのは，上記の経営志向が継続されているからだろう。たとえば，BusinessWorld紙の2016年版企業ランキングに入る国内民間ユニバーサル銀行の買収事例をみると，

---

11) 2017年11月発足のPESONet ACH（Philippine Electronic Fund Transfer and Operations Network ACH）と2018年4月発足のInstaPay ACH。前者が金額制限なく同日中に電子決済を行うのに対し，後者は1取引5万ペソの上限付きながら，ほぼ即時決済が可能。

BDO Unibank, Inc.（BDO）が14年間で12行を買収したのは最多の例だが，Bank of Philippine Islands（BPI）とEastWest Bankは10年間で各4行，Asia United Bankは2年間に4行を買収している。

　貯蓄・地方銀の買収は，単なる規模拡張に用いられるだけでなく，被買収行の営業地域における知名度を考慮し，貯蓄銀行や地銀として旧名称を（一部）残したまま系列行として存続させるサブ・ブランド化や，傘下の子会社・関連会社の再編成と営業網の整備手段にもなっている。BDOは2015年に当時の地銀最大手One Network Bankを買収・子会社化したが，行名を残したままBDOグループの地銀として営業している（その後，2019年9月に行名をBDO Network Bankに変更）。

3-2．戦略的提携と金融コングロマリット化

　国内行の海外展開の原点は，1970年代に海外就労者（OFW）送金の取扱いとその円滑化を目的とする外資との業務提携や海外支店・外為業の展開にある。また，1980年代には日系企業などFDI関連や進出支援を目的とする外資行との業務提携も多数締結されたが，2000年以降の合弁会社（JV）の設立を伴う場合を含む外資との戦略的事業提携の締結例は，生損保，証券，信託，信販，リース（・ファイナンス），アセット・マネジメントなど多岐にわたっている。フィリピン国内のノンバンク部門市場はまだ小さく発展途上であるため，より高度なサービス・技術を求め，複合的あるいは包括的な金融サービスの提供を目指すならば，提携相手は自然と海外先進国企業になる。

　このような事業連携によって，事業縮小や撤退する外資行の事業継承買収を行い，金融関連事業を追加的に傘下に収めたり，外資提携相手と設立したJVを買収して生損保やリース業を自ら展開するようになった事例がみられる。企業グループ系銀行では，自行の持株会社から保険・証券・信託部門等の所有権移転を機に，グループ企業間の事業再編と銀行業および金融関連事業を傘下に集約することによって，バンカシュランス（bankassurance）免許の取得や，最終的には金融コングロマリットの形成に至る

ケースも観察できる。Philippine National BankがChevolet Philippiensと提携し，動産抵当付き自動車ローンや傘下のPNB General Insurersをつうじた1年物包括保険を提供したり，BDOが伊系保険会社Generali Groupと設立したJVであるGenerali Pilipinas Holding Company Inc.の経営権を獲得し，BDO Life Assuranceに社名変更した例がある。

　このような提携事例は多数にのぼるが，興味深い特徴として，銀行本体への資本参加をともなう事業提携例がほとんどみられないことが挙げられる[12]。国内行はいずれかの主要企業グループに属する場合が多く，上位の持株会社やそのオーナー（一族）が経営支配権の減少を嫌う傾向が強いと考えられる。

3-3.　通信・デジタル技術の取り込みとサービス提供基盤の拡大

　フィリピンでは1980年代に銀行間決済システムが構築され，2000年頃から専業を含むオンライン・バンキングの設立と取引内容の多様化，BSPの中央決済システムおよび銀行間決済システムの相互乗り入れと非金融事業者への開放によるキャッシュレス決済サービスの提供と拡充が行われてきた。とくに2010年以降，BSPが推進する金融アクセスの普遍化に同調しながら各行で多様化する提供サービス内容を大まかに分類すると，①都市部の法人・上位中間層／富裕層向けの実質的な金融総合口座の提供，②キャッシュレス決済を促進するためのクレジット，デビット，モバイル，電子マネー決済の提供とそれらを一括するデバイスの開発と拡充，③デジタルおよびオンライン化を活用したマイクロ・ファイナンス事業への展開，④オンラインとQRコードなどデジタル技術を併用した対顧客店頭業務の効率化，などがある。

　これら国内サービスに加えて，おもにOFWが利用する送金決済の迅速化によりリアルタイムかつ低コストでのクロスボーダー資金授受を可能にすることと，国内での現金化ポイントの確保は，国内行の重要なビジネス

---

12) 例外として，独立系ユニバーサル銀行のSecurity Bank Corporationに約20％の投資を行った三菱UFJフィナンシャル・グループとの提携事例がある。

要件のひとつであろう。Rizal Commercial Banking Corporation（RCBC）は2018年，送金決済の迅速化を図るIBMのブロックチェーン試験事業へ，りそな銀行とともに国内行から唯一参加した[13]。また，自行で送金ネットワークをもつUnion Bankも同年，持株会社（Aboitiz Equity Ventures）と子会社（Union Properties Inc.とCity Savings Bank）を通じて国内に約2800拠点をもつ送金両替事業者PETNET, Inc.の過半経営権を取得している。

3-4．事業展開の類型と収益性の比較

前項までにみた事業展開3点すべてを実行しているのが，1970年代半ばからシー（Sy）一族の持株会社SM Investments Corporationが所有する最大手行のBDOである。1996年にユニバーサル銀行免許を取得後，2018年までに，中堅商業銀行Equitable PCI Bankの吸収合併と国内貯蓄・地方銀行5行の買収，および特定の事業部門を含む外資6行を買収し，2008年から現在まで総資産額1位を維持している[14]。この過程で保険，信販・リース，証券業務等の分野で外資と戦略的提携を結び，複数のJVを設立，法人・個人向けオンライン取引を含む包括的な金融サービスを提供する金融コングロマリットとなった。2018年末時点のBDO傘下の子会社・関連企業は，金融・非金融合計で33社を数える。

このような経営上の変革をどの程度展開するかは，国内行間にも差異がある。各行の年報（Annual Report）を参照すると，外資との戦略的提携に関しては，①2000年以降に外資系金融・他業種と何らかの戦略的提携を展開（7行），②2000年以前に提携を展開し，2000年以降は外為業提携の構築や拡張以外なし（3行），③外為業務以外に特記すべき提携関係なし

---

13) 2018年6月21日付CCN.com（https://www.ccn.com/swift-is-expensive-major-philippine-bank-taps-ibm-for-blockchain-remittance-to-japan）による。

14) SM Investments社は，ユニバーサル銀行China Banking Corporationの株式20%も所有している。また，BDOは2000年に新規参入した外資行のうち，United Overseas Bankの銀行部門，Amex Savings Bank, GE Money Bank, Citibank Savings Bankに加え，Deutsche Bankの信託部門を2005～2014年の間に買収し，BDO本体の業務と支店網に追加した。

（5行）と，明らかな相違がみられる[15]。では，このような事業戦略の違い
は収益性にあらわれているだろうか。国内民間行を①〜③いずれかに分類
した（**表7-5**）うえで，自己資本利益率（Return on Equity Ratio: ROE），総
資産利益率（Return on Assets Ratio: ROA），純利鞘（Net Interest Margin:
NIM）を算出，BSPが公表する外資行を含む商業銀行部門の平均値と比較

表7-5　提携パターン別国内行一覧

（a）業務提携あり （2000年以降）	ユニバーサル銀行（7）	Asia United Bank Corporation
		Bank of the Philippine Islands（BPI）
		BDO Unibank, Inc.（BDO）
		China Banking Corporation（Chinabank）
		EastWest Banking Corporation（EastWest Bank）
		Security Bank Corporation
		Union Bank of the Philippines
（b）業務提携あり （2000年以前）	ユニバーサル銀行（3）	Metropolitan Bank & Trust Co.（Metrobank）
		Rizal Commercial Banking Corporation（RCBC）
		Philippine National Bank（PNB）
（c）業務提携なし	ユニバーサル銀行（1）	Philippine Trust Co.（Philtrust Bank）
	商業銀行（4）	Bank of Commerce
		BDO Private Bank
		Philippine Bank of Communications（PBCOM）
		Robinsons Bank Corporation

（出所）　筆者作成。
（注）　表7-1のうち，（1）政府系銀行（Development Bank of the Philippines, Land Bank of
the Philippines, Al Amanah Islamic Bank），
　　（2）預金保険機構（PDIC）およびBSP下で経営再建中のPhilippine Veterans Bankと
United Coconut Planters Bankを除く。
　　　銀行カテゴリの（　）内数字は銀行数。行名のあとの（　）は，フィリピン国内での
通称や商標名。

15）政府系銀行（3行），預金保険機構あるいはBSPとの共同による経営再建支援プ
ログラム下にある国内民間2行（Philippine Veterans BankおよびUnited
Coconut Planters Bank）を除く。

した（**図7‐8**）。ROEは株主資本の収益率を，ROAは負債を含む総資産の収益率を示し，支払利子と受取利子の差額を貸出額で除すNIMは，資金調達と運用の効率性を示す。融資業務（Loans and Receivables）からの収入が全収入の70〜80％を占める商業銀行部門では，収益性を端的に表す指標である。

　サンプル数が非常に小さいため傾向を指摘するに留めるが，3指標いずれにおいても，2000年以降に戦略的提携を展開してきた①グループは基本的に通期で部門平均を上回り，他のグループより良好な数値を示している。ROEで10〜18％，ROAで1.0〜2.3％という数値は特記するほどの高さではないが，国内行では最も高い収益性を確保していることがわかる。②，③グループのROEとROAは特定の1行の数値が影響していると考えられる振幅を示しているが，2014年以降を除き，金融他業種や外資と明確な業務提携を結んでいない③グループが②より高い傾向にあることは，より詳細な分析を要する特徴かもしれない。

　図7‐8③NIMをみると，2007年以降の数値が利下げ基調に転じた6月の政策金利の変更を反映していることが指摘できる。同年以降のグループ間差異の幅が1％程度に収まるほど小さい要因には，2000年代後半以降における商業銀行部門の与信傾向が各行の規模にかかわらず非常に似通っているのか，あるいは，おもに首都圏での貸出競争のため，利鞘を拡大できない状況に置かれている可能性が考えられる。2013年以降の部門平均のトレンドが国内行グループよりも下回っているのは，外資行のNIMが低いことを示唆しているが，**図7‐8**のみでは，それが与信あるいはその他投資事業による利鞘の縮小・低迷に起因するものなのかは不明である。

3‐5．近年の事例からみる今後の展望

　大手企業グループの系列行が国内市場の圧倒的シェアを維持してきたため，2000年代までは，合併・買収案件を除くと持株会社など商業銀行を所有する企業とその経営者層に大きな変化はみられなかった。しかし2010年以降，異業種からの出資を通じた進出や，特定分野に専門知識・技術を持

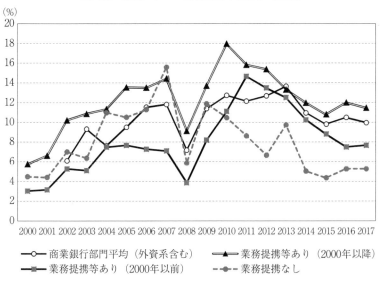

図7-8①　提携パターン別自己資本利益率（ROE）

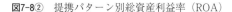

図7-8②　提携パターン別総資産利益率（ROA）

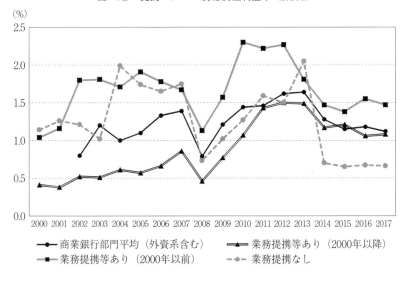

図7-8③　提携パターン別純利鞘（NIM）

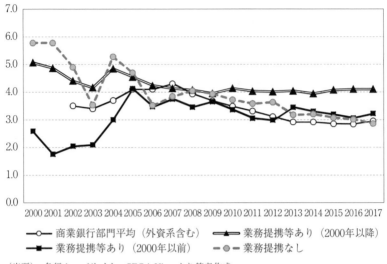

（出所）　各行ウェブサイト，SEC i-View より筆者作成。

つ海外投資会社との資本提携を締結する事例など，金融部門を取り巻く環境は大きく変化している。

　Philippine Bank of Communications（PBCOM）を所有してきたヌブラ（Nubla）一族は2011年，国内の通信・コンテンツサービス企業であるISM Communications Corporation（ISM）を戦略的第三者投資家とし，全持株を売却した。翌年にはISMのCEOがPBCOMのCEOに就任したが，さらに2014年に実施された増資分を国内大手小売業Puregold Price Club Inc.を傘下にもつ持株会社P. G. Holdings Inc.が戦略的投資家として引き受け，同社がPBCOMの筆頭株主となった。地場の持株会社間では近年，通信・小売・運輸とロジスティクスなど，産業をまたぐ企業間提携や出資事例も実現しており，銀行部門も一連の合従連衡や産業間再編のなかに組み込まれていく可能性がある。

　2018年10月には，ダバオ市に本店を置くBDO系地銀One Network Bankへのシンガポール系投資会社Osmanthus Investment Holdings Pte.

Ltd.による資本参加（15%）をともなう戦略的提携が公表された。Osmanthus社の親企業が中小・零細企業向け融資に関するプロジェクト運営や市場開発に強みをもつ投資ファンドであることから，BDOは今後，都市部の大企業・富裕層向け複合金融サービスの提供から地方部での中小マーケット開発まで，自行の規模と多様な提携関係を活かした全方位型ともいえる金融事業展開を指向すると推測される。

　また，2019年1月，オンデマンド交通，決済・ロジスティクスのインドネシア最大手Go-Jekは，フィリピン国内でブロックチェーンを用いたビットコイン決済プラットフォームCoins.phを提供しているBetur, Inc.への出資によって，フィリピン市場に参入することを明らかにした[16]。国内行が圧倒的シェアを占める銀行部門に参入せずとも金融インフラを提供することは既に可能であり，このような事例は，国内の電子決済事業者や各種フィンテック・スタートアップ企業との資本関係を含む提携の活発化や，外資参入の規模と件数に変化をもたらす可能性をもつ。1億人を超える人口規模と，依然として金融インフラ整備とアクセス格差の大きさという課題を抱えるフィリピン国内は，多様なビジネス機会が想定される「魅力的な」市場であるからだ。

　一方で，監督機関主導の金融アクセス向上への取組みも，銀行間ネットワークのあり方を変革する可能性がある。既存制度を再編して導入されたBDAやブランチ・ライト制度は，中小規模行にも預金と顧客ベースを拡大する機会を増やし，NRPSは資金移動のリスクとコストを減少させる効果をもつため，間接的には収益性の向上と財務基盤の強化につながる。物的面と財務両面でのコスト低下が見込める制度の存在は，これまで全合併案件の2割弱であった商業銀行と貯蓄銀・地銀間の合併・買収事例の増加や，外資行の関心を誘引する可能性もある。他方で，単独での存続が絶対条件ではない貯蓄銀・地銀には，より多様で高度なサービスを展開する他

16）Go-Jekによる出資比率や金額などの詳細は非公表。Coins.phによると，2018年3月に利用者数500万人を超えた（https://coins.ph/blog/coins-ph-celebrates-5-million-customer-milestone/）。2014年に設立されたBetur社は，シンガポール企業Global Commerce Technologies Pte. Ltd.のフィリピン子会社。

行ネットワークの一部に組み込まれたり，グループ系銀行として参画する
機会ともなる。BSPの施策が奏功するか否かは今後の展開を待たねばなら
ないが，銀行部門全体にもたらす業態の変化の有無も含め，注視していく
価値はあろう。

おわりに

　アジア経済危機を契機とする銀行部門の再編を経験していないフィリピ
ンでは，主要企業グループの系列行が，他行との合併・買収を用いて規模
と資金面における拡張を続け，また，金融他業種を中心とする外資企業と
の戦略的提携によって，事業内容の多角化・高度化を図り，金融コングロ
マリットを構築してきた。その過程では，2000〜2014年間に数次にわたっ
て行われた外資参入規制の緩和と自由化の完了や，ASEAN経済共同体の
発足に伴う金融統合への取組みによる影響はほとんどみられず，内外資本
の連携や商業銀行プレーヤーの地図を塗り替える効果はもたらされなかっ
た。1994年外資参入法に掲げられた「グローバルな金融センターとの連携
強化（中略）ダイナミックな銀行・金融システム」が国内市場で実現する
には，いまだ道半ばである。

　しかし，近年の情報・デジタル技術の急速な発展とそれらを用いたビジ
ネス・モデルの多様化は，伝統的な金融システムの外に存在する多数の
人々に利便性の高いチャネルを提供し，新たな金融インフラとして機能し
はじめている。国内商業銀行部門は，今後もビジネス環境の変化を吸収し
つつさらに拡大し，市場での確固としたポジションを維持していくのだろ
うか。

　外資参入法による外資行の進出とアジア経済危機に直面していた国内大
手行へのインタビューをもとに，経営方針や収益性，事業の方向性への影
響を分析したHapitan（2005）は，「国内行と外資系金融機関との競争は，
信用市場や預金獲得シェアの問題ではなく，マーケティング問題である」
と看破していた。当時とはビジネス環境が異なるものの，国内の商業銀

行，とくに企業グループ系銀行は，銀行業務と金融他業種，従来型サービスと通信・デジタル技術の複合が生み出すであろう金融インフラのあり方や，さらにはロジスティクス・運輸・小売業など他産業との連携を視野に入れたうえで，自らを銀行部門内のみならず企業グループ内においてもどのように位置づけるのかという，複雑な「マーケティング問題」に直面しているといえる。「金融アクセス」をキーワードとして，変化しつつある金融インフラの中で異なるチャネルをもつプレーヤーが「混在」していくのか「融合」するのかがみえてきたとき，フィリピンの国内金融市場ははじめて変容したと判断できるのではないだろうか。

〔参考文献〕

〈日本語文献〉

柏原千英 2010.「国際資本とフィリピン経済――再編なき金融改革と国内市場の構造」国宗浩三編『国際資本移動と東アジア新興国の経済構造変化』研究双書 591 アジア経済研究所.

_____ 2013.「フィリピンにおける政策対応と金融システムにおける課題」国宗浩三編『グローバル金融危機と途上国経済の政策対応』研究双書 603 アジア経済研究所.

_____ 2019.「金融（銀行）業」柏原千英編『21世紀のフィリピン経済・政治・産業――最後の龍になれるか？』アジ研選書 52 アジア経済研究所.

〈外国語文献〉

BSP（Bangko Sentral ng Pilipinas）2019. "Financial Inclusion in the Philippines Dashboard, as of Second Quarter 2019." Manila City: BSP.

_____ 2015. *National Strategy for Financial Inclusion*. Manila City: BSP.（http://www.bsp.gov.ph/downloads/publications/2015/PhilippinesNSFIBooklet.pdf）

_____ *BSP Annual Report Vol. II*（Statistical Bulletin）. Manila City: BSP.

_____ "Report on the Philippine Financial System." Manila City: BSP.（http://www.bsp.gov.ph/publications/regular_status.asp）

BusinessWolrd 2001. *Top 1000 Corporations in the Philippines*. Quezon City: BusinessWorld Publishing Corporation.

_____ 2016. *Top 1000 Corporations in the Philippines*. Quezon City: BusinessWorld Publishing Corporation.

Hapitan, Rene B. 2005. "Reactions to the Entry of Foreign Banks in the Philippines: A Critical Study of Local Selected Banks." In *Financial Liberalization: Managing*

Risks and Opportunities, edited by Ponciano S. Intal Jr. Makati City: Philippine Institute for Development Studies.

Kashiwabara, Chie 2017. "Rural Bank Mergers/Consolidations in the Philippines: A Preliminary Study." IDE Discussion Paper Series No. 651. Institute of Developing Economies (IDE-JETRO) (http://hdl.handle.net/2344/00048858).

National Economic Development Authority (NEDA) 2016. "AmBysion Natin 2040: A Long-Term Vision for the Philippines." Pasig City: NEDA (http://2040.neda.gov.ph/wp-content/uploads/2016/04/A-Long-Term-Vision-for-the-Philippines.pdf).

Tetangco Jr., Amando M. 2016. "Rural Banks: Making a Difference in Financial Inclusion." A speech in the 63rd Annual National Convention and General Membership Meeting of RBAP (Rural Bank Association of the Philippines), Manila City: BSP (http://www.bsp.gov.ph/publications/speeches.asp?id=528).

〈ウェブサイト〉
Bangko Sentral ng Pilipinas（フィリピン中央銀行）：http://www.bsp.gov.ph
Philippines Statistics Authority（フィリピン統計庁）：http://www.psa.gov.ph
Philippine Stock Exchange（フィリピン証券取引所）：http://www.pse.com.ph
Securities and Exchange Commission（証券取引委員会）：http://www.sec.gov.ph
SEC i-View（企業財務情報サイト）：https://ireport.sec.gov.ph/iview/index.html
The World Bank, Global Financial Inclusion：
http://databank.worldbank.org/data/reports.aspx?source=global-financial-inclusion#
（各URLの最終アクセス日：2019年9月5日）

複製許可およびPDF版の提供について

　点訳データ，音読データ，拡大写本データなど，視覚障害者のための利用に限り，非営利目的を条件として，本書の内容を複製することを認めます（http://www.ide.go.jp/Japanese/Publish/reproduction.html）。転載許可担当宛に書面でお申し込みください。

　また，視覚障害，肢体不自由などを理由として必要とされる方に，本書のPDFファイルを提供します。下記のPDF版申込書（コピー不可）を切りとり，必要事項をご記入のうえ，販売担当宛にご郵送ください。

　折り返しPDFファイルを電子メールに添付してお送りします。

〒261-8545　千葉県千葉市美浜区若葉3丁目2番2
日本貿易振興機構 アジア経済研究所
学術情報センター成果出版課　各担当宛

　ご連絡頂いた個人情報は，アジア経済研究所成果出版課（個人情報保護管理者－成果出版課長 043-299-9534）が厳重に管理し，本用途以外には使用いたしません。また，ご本人の承諾なく第三者に開示することはありません。

アジア経済研究所学術情報センター 成果出版課長

- -

PDF版の提供を申し込みます。他の用途には利用しません。

三重野 文晴 編
『変容するASEANの商業銀行』
【アジ研選書 No. 56】2020年

住所 〒

氏名：　　　　　　　　　　　　　年齢：

職業：

電話番号：

電子メールアドレス：

執筆者一覧（執筆順）

三重野　文晴（京都大学東南アジア地域研究研究所教授）

国宗　浩三（関西学院大学国際学部教授）

濱田　美紀（アジア経済研究所開発研究センター主任研究員）

金京　拓司（神戸大学大学院経済学研究科教授）

清水　聡（株式会社日本総合研究所調査部主任研究員）

芦　宛雪（京都大学東南アジア地域研究研究所連携研究員）

柏原　千英（アジア経済研究所開発研究センター主任研究員）

［アジ研選書 No.56］
変容するASEANの商業銀行

2020年3月19日発行　　　　　　　　　定価［本体2,600円＋税］

編　者　三重野 文晴
発行所　アジア経済研究所
　　　　独立行政法人日本貿易振興機構
　　　　　千葉県千葉市美浜区若葉3丁目2番2　〒261-8545
　　　　学術情報センター　電話　043-299-9735（販売）
　　　　　　　　　　　　　FAX　043-299-9736（販売）
　　　　　　　　　　　　　E-mail　syuppan@ide.go.jp
　　　　　　　　　　　　　http://www.ide.go.jp

印刷所　モリモト印刷株式会社

出版案内
「アジ研選書」